真宗の教えと
宗門の歩み

宗祖親鸞聖人（安城御影　東本願寺蔵）

1255（建長７）年、親鸞聖人83歳の肖像である。三河国（愛知県）安城に伝わったことから「安城御影《あんじょうのごえい》」と呼ばれている。

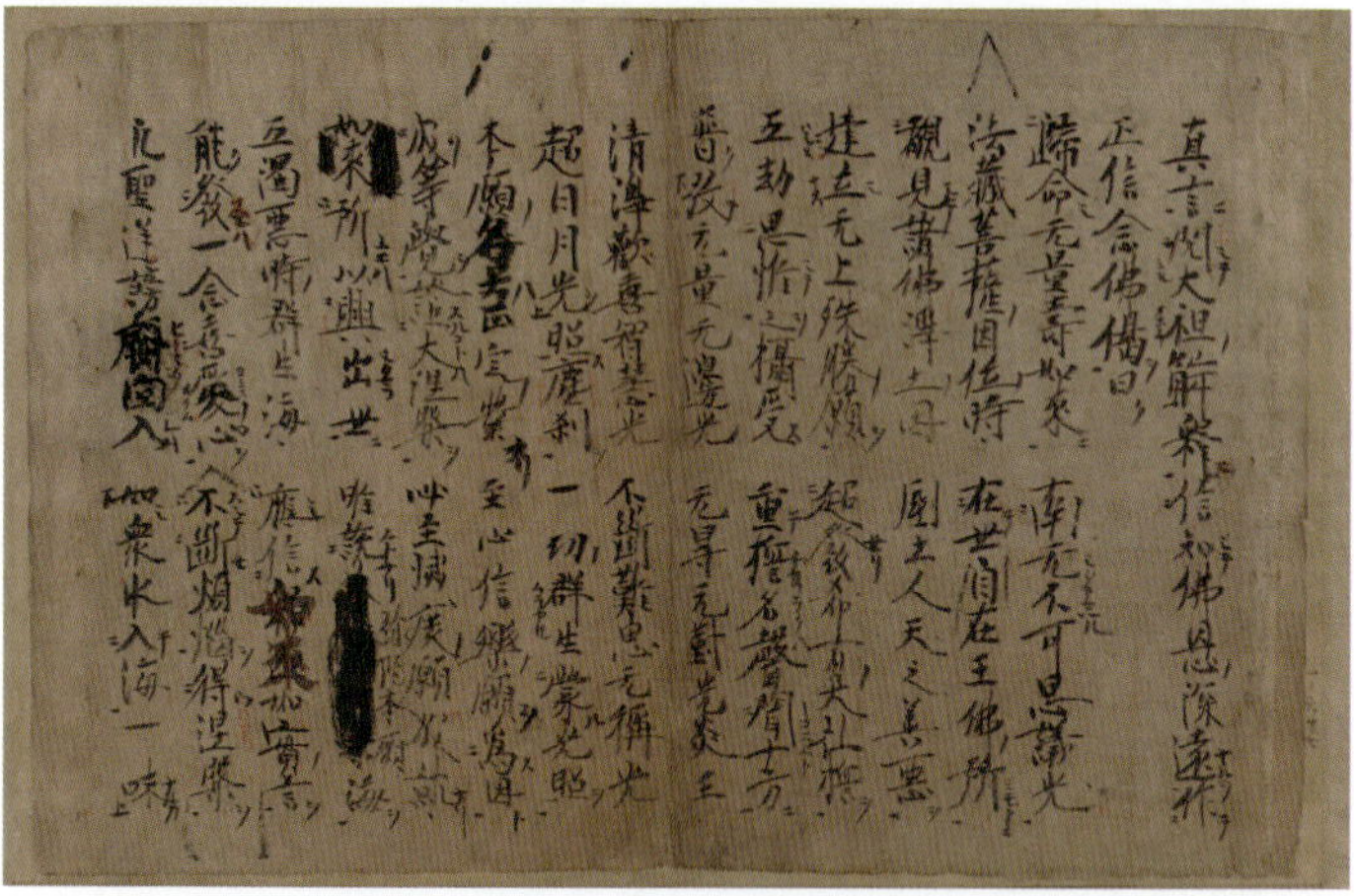

『顕浄土真実教行証文類（教行信証）』【国宝】

親鸞聖人の主著であり、立教開宗の根本聖典。坂東報恩寺（東京都台東区）に伝わったことから「坂東本」と呼ばれている。親鸞聖人の自筆本。

真宗本廟（東本願寺）

平常のお内仏荘厳

三帰依文

人身《にんじん》受け難《がた》し、いますでに受く。仏法《ぶっぽう》聞き難《がた》し、いますでに聞く。この身今生《みこんじょう》において度せずんば、さらにいずれの生《しょう》においてかこの身を度せん。大衆《だいしゅ》もろともに、至心《ししん》に三宝《さんぼう》に帰依《きえ》し奉《たてまつ》るべし。

自ら仏《ぶつ》に帰依したてまつる。まさに願わくは衆生とともに、大道《だいどう》を体解《たいげ》して、無上意《むじょうい》を発《おこ》さん。

自ら法に帰依したてまつる。まさに願わくは衆生とともに、深く経蔵《きょうぞう》に入りて、智慧海《ちえうみ》のごとくならん。

自ら僧《そう》に帰依《きえ》したてまつる。まさに願わくは衆生とともに、大衆《だいしゅ》を統理して、一切無碍《むげ》ならん。

無上甚深微妙《じんじんみみょう》の法は、百千万劫《ごう》にも遭遇《あいあ》うこと難《かた》し。我いま見聞《けんもん》し受持《じゅじ》することを得たり。願わくは如来の真実義を解《げ》したてまつらん。

真宗大谷派宗憲（前文）

宗祖親鸞聖人《しゅうそしんらんしょうにん》は、顕浄土真実教行証文類《けんじょうどしんじつきょうぎょうしょうもんるい》を撰述《せんじゅつ》して、真実《しんじつ》の教《きょう》たる佛説無量寿経《ぶっせつむりょうじゅきょう》により、阿弥陀如来《あみだにょらい》の本願名号《ほんがんみょうごう》を行信《ぎょうしん》する願生浄土《がんしょうじょうど》の道《みち》が、人類平等《じんるいびょうどう》の救《すく》いを全《まっと》うする普遍《ふへん》の大道《だいどう》であることを開顕《かいけん》された。

宗祖聖人《しゅうそしょうにん》の滅後《めつご》、遺弟《ゆいてい》あい図《はか》って大谷《おおたに》の祖廟《そびょう》を建立《こんりゅう》して聖人《しょうにん》の影像《えいぞう》を安置《あんち》し、ここにあい集《つど》うて今現在説法《こんげんざいせっぽう》したもう聖人《しょうにん》に対面《たいめん》して聞法求道《もんぼうぐどう》に励《はげ》んだ。これが本願寺《ほんがんじ》の濫觴《らんしょう》であり、ここに集《つど》うた人《ひと》びとが、やがて聞法者《もんぼうしゃ》の交《まじ》わりを生《う》み出《だ》していった。これがわが宗門《しゅうもん》の原形《げんけい》である。

したがって、この宗門《しゅうもん》は、本願寺《ほんがんじ》を真宗本廟《しんしゅうほんびょう》と敬仰《きょうごう》する聞法者《もんぽうしゃ》の歓喜《かんぎ》と謝念《しゃねん》とによって伝承護持《でんしょうごじ》されてきたのであり、宗祖聖人《しゅうそしょうにん》の血統《けっとう》を継《つ》ぐ本願寺歴代《ほんがんじれきだい》は、聖人《しょうにん》の門弟《もんてい》の負託《ふたく》に応《こた》えて本廟留守《ほんびょうるす》の重任《じゅうにん》に当《あた》られた。中興蓮如上人《ちゅうこうれんにょしょうにん》もまた、自《みずか》ら大谷本願寺御影堂《おおたにほんがんじごえいどう》留守職《るすしき》として、専《もっぱ》ら御同朋御同行《おんどうぼうおんどうぎょう》の交《まじ》わりの中《なか》において立教開宗《りっきょうかいしゅう》の本義《ほんぎ》を闡明《せんめい》して、真宗再興《しんしゅうさいこう》を成《な》し遂《と》げられたのである。

爾来《じらい》、宗門《しゅうもん》は長《なが》い歴史《れきし》を通《とお》して幾多《いくた》の変遷《へんせん》を重《かさ》ねるうちには、その本義《ほんぎ》が見失《みうしな》われる危機《きき》を経《へ》てきたが、わが宗門《しゅうもん》の至純《しじゅん》なる伝統《でんとう》は、教法《きょうぼう》の象徴《しょうちょう》たる宗祖聖人《しゅうそしょうにん》の真影《しんねい》を帰依処《きえしょ》として教法《きょうぼう》を聞信《もんしん》し、教法《きょうぼう》に生《い》きる同朋《どうぼう》の力《ちから》によって保持《ほじ》されてきたのである。

このような永遠普遍《えいえんふへん》の教法《きょうぼう》と宗門固有《しゅうもんこゆう》の伝統《でんとう》に立《た》ち、宗門運営《しゅうもんうんえい》の根幹《こんかん》として次《つぎ》のことを確認《かくにん》する。

第《だい》一に、すべて宗門《しゅうもん》に属《ぞく》する者《もの》は、常《つね》に自信教人信《じしんきょうにんしん》の誠《まこと》を尽《つ》くし、同朋社会《どうぼうしゃかい》の顕現《けんげん》に努《つと》める。

第《だい》二に、宗祖聖人《しゅうそしょうにん》の真影《しんねい》を安置《あんち》する真宗本廟《しんしゅうほんびょう》は、宗門《しゅうもん》に属《ぞく》するすべての人《ひと》の帰依処《きえしょ》であるから、宗門人《しゅうもんじん》はひとしく宗門《しゅうもん》と一体《いったい》としてこれを崇敬護持《そうきょうごじ》する。

第《だい》三に、この宗門《しゅうもん》の運営《うんえい》は、何人《なんびと》の専横専断《せんおうせんだん》をも許《ゆる》さず、あまねく同朋《どうぼう》の公議公論《こうぎこうろん》に基《もと》づいて行《おこな》う。

わが宗門《しゅうもん》は、この基本精神《きほんせいしん》に立脚《りっきゃく》し、かつ同朋《どうぼう》の総意《そうい》に基《もと》づくこの宗憲《しゅうけん》に則《のっと》り、立教開宗の精神《せいしん》と宗門存立《しゅうもんそんりつ》の本義《ほんぎ》を現代《げんだい》に顕現《けんげん》し、宗門《しゅうもん》が荷負《かふ》する大《おお》いなる使命《しめい》を果《はた》すことを誓《ちか》う。

〔一九八一（昭和五十六）年六月十一日公布施行〕

私たちの宗旨は浄土真宗です

【本《ほん》　尊《ぞん》】阿弥陀如来《あみだにょらい》

【正依《しょうえ》の経典《きょうてん》】仏説無量寿経《ぶっせつむりょうじゅきょう》（大経）
仏説観無量寿経《ぶっせつかんむりょうじゅきょう》（観経）
仏説阿弥陀経《ぶっせつあみだきょう》（小経）

【宗《しゅう》　祖《そ》】親鸞聖人《しんらんしょうにん》

【宗祖の主著《しゅちょ》】顕浄土真実教行証文類《けんじょうどしんじつきょうぎょうしょうもんるい》（教行信証《きょうぎょうしんしょう》）

【宗　派　名】真宗大谷派《しんしゅうおおたには》

【本　　山】真宗本廟《しんしゅうほんびょう》（東本願寺）

【所　在　地】京都市下京区烏丸通七条上る常葉町七五四番地

目　次

第五章　宗門の歩み

凡例

一、漢字については、資料一「真宗大谷派歴代系譜」をのぞき、原則として常用漢字を含めた通行の字体を用いました。

一、『真宗聖典　第二版』（東本願寺出版（出版部）発行）からの引用文については、文末に「真宗聖典第二版〇〇頁」と表記しました。

はじめに

本書は、地域の門徒《もんと》の代表として、教化の振興をはかるため、組《そ》が行う施策について審議し、組の運営に寄与《きよ》するために組織された「組門徒会」の研修テキストです。

同朋会運動《どうぼうかいうんどう》を推進する中で一九八二（昭和五十七）年に設置された「組門徒会」は、住職・教会主管者で構成される組会とともに、共同教化《きょうどうきょうか》の現場である組の活動の推進を担っています。そして、教区門徒会員や本派の最高議決機関である宗会を構成する参議会議員の選出母体ともなっています。この組門徒会を構成する組門徒会員の具体的な役割は、自ら率先して聞法し、寺院・組の運営に積極的に参加していただき、同朋会運動を推進する基盤を整備していただくことにあります。

この組門徒会の意義と役割を確かめる一助として、本書には「同朋会運動とは」「宗祖親鸞聖人のご生涯」「真宗の教え―正信偈に学ぶ―」「真宗門徒の生活―お内仏のお給仕―」「宗門の歩み」「同朋会運動のいま」という項目を中心にまとめ、さらに学びを深めるための資料を紹介する形で編集いたしました。

組門徒会員にとどまらず、広く有縁《うえん》の方々にも本書を手にしていただき、宗門にご縁をいただく私たちが、あらためて宗祖親鸞聖人のご生涯と宗門の歩みに学び、真宗門徒としての在り方を確かめる機縁となることを願っています。

第一章

同朋会運動とは

同朋会運動は、一九六二（昭和三十七）年にはじめられた信仰運動です。前年の一九六一（昭和三十六）年、宗祖親鸞聖人七百回御遠忌法要《しゅうそしんらんしょうにんしちひゃくかいごえんきほうよう》がつとめられたことを機縁《きえん》として、ともに生き合う社会の実現のためにも、寺院が本来の役割を回復し、教えのもとにつどう僧俗《そうぞく》を超えた共同体を生み出していかねばならないとして、「同朋会の形成促進」を目指して運動がはじまったのでした。この同朋会運動がどのようにして起こってきたのか、またどのような運動なのかということをまず確かめたいと思います。

一九四五（昭和二十）年の第二次世界大戦終結後、日本は、大きな混乱と虚脱状態《きょだつじょうたい》に陥《おち》っていました。先《ま》ずは、いかにして飢えを凌《しの》ぐかということに人々の関心は注がれました。一方で、戦前までの思想や価値観が崩壊したなかで、何が本当の依《よ》りどころとなるのか、確かなものを見出したいという関心も強まっていました。

後に同朋会運動を提唱することとなる訓覇信雄《くるべしんゆう》（運動発足時の宗務総長）は、そのような時代のなか、一九四八（昭和二十三）年に真人社《しんじんしゃ》を曽我量深《そがりょうじん》、

訓覇信雄

曽我量深

安田理深

（相応学舎蔵）

安田理深《やすだりじん》らと結成しました。真人社は、「思想の混迷に応《こた》え得《う》るものは、まさしく真宗仏教以外にはないと確信する」と、真宗こそ本当の依りどころであると宣言し、僧俗を超えてすべての同朋が教えを学ぶことこそ大切であると呼びかけました。そして、信仰の問題は、個人の問題にとどまらず、人間社会と如来《にょらい》の世界である浄土との関係の問題であり、それは同時に私たち一人ひとりがどういう関係性を生きるのかという、共同体の回復の問題であることを訴えたのでした。

　当時の宗門状況は、一九四九（昭和二十四）年につとめられた蓮如《れんにょ》上人四百五十回御遠忌法要における負債、農地解放とその後の農村人口の流出による農村経済の不安定化などにより、宗門の経済的基盤は大きく揺らいでいました。一方、新宗教が大衆宗教として教線《きょうせん》を拡大し続けていました。このような厳しい宗門状況を打開し、十年後に控えた宗祖七百回御遠忌法要を宗門をあげてつとめるべく、一九五一（昭和二十六）年、当時七十四歳であった暁烏敏《あけがらすはや》が宗務総長に迎えられました。そして、生涯、野にあって念仏者として生きた暁烏の誠実な取り組みによって宗門の借財は返済されていきました。

この暁烏内局のときに提唱されたのが、「同朋生活運動」という真宗本廟（東本願寺）における清掃奉仕の実践でした。暁烏の呼びかけに応え、門徒が全国各地より手弁当で上山して真宗本廟境内にある和敬堂《わきょうどう》に宿泊し、昼は本廟の清掃、夜は聞法に励《はげ》んだのでした。これが現在の真宗本廟奉仕団の原型となるものです。

暁烏　敏（明達寺蔵）

暁烏は一年で退任しましたが、その流れをくんで一九五六（昭和三十一）年に、宮谷法含《みやたにほうがん》が宗務総長となります。宮谷は、就任すると直ちに「宗門各位に告ぐ」（宗門白書《しゅうもんはくしょ》）

を発表して、宗祖の御遠忌を迎える姿勢を明らかにしました。これは、宗門の現状を報告し、意志を表明するもので、このなかでまず確かめられているのが、宗門人の懺悔《さんげ》です。宮谷は、

われわれ宗門人は、七百年間、宗祖聖人の遺徳《いとく》の上に安逸《あんいつ》をむさぼって来たのである。いまや御遠忌を迎えんとしてわれら宗門人は、全身を挙げて深い懺悔をもたねばならない。

とし、この懺悔に立って、教学のあり方、そして財政のあり方、御遠忌の厳修について、現状と将来の展望とを記して、「仏《ぶっ》法興隆《ぼうこうりゅう》の真義に生きる、真宗教団形成の一途に就《つ》きたいと念ずる」と決意を表明されました。

宮谷法含

このなかで、特に注視すべきことは教学についての認識です。宮谷は、「明治のわが宗門

に、清沢満之《きよざわまんし》先生がおられたことは、何ものにもかえがたい幸せであった」
と、清沢満之を顕揚《けんよう》し、

徳川封建教学の桎梏《しっこく》から脱皮し、真宗の教学を、世界的視野に於《お》いて展開し得たことは、ひとえに、先生捨身の熱意によるものであった。先生の薫陶《くんとう》を受けて幾多の人材が輩出し、大谷派の教学は、今日に至るまで、ゆるぎなき伝統の光を放っている。

と表明しました。暁烏や曽我の師である清沢は、明治の時代にあって、教学にもとづく宗門を志向して改革を志した方であり、改革運動の挫折後は、宗門人一人ひとりの信仰の確立こそが大切であるとして、精神主義運動をはじめられた、大谷派における近代教学の祖と仰がれる方です。宗門では長らく、この清沢の教学は中心として位置づけられてきませんでしたが、宮谷は、

清沢満之
(清沢満之記念館蔵)

これからの宗門の教学活動は、清沢の教学に立つべきであることを明らかにしたのでした。

宗門白書は、清沢の精神主義運動の伝統に立ち、真宗の第二の再興をなさねばならないということを、強く宗門の使命として受けとめたものでした。そして、白書の願いを具現するため、宗祖七百回御遠忌法要の円成《えんじょう》を勝縁として発足したのが同朋会運動です。

同朋会運動とは、端的に次のようにあらわされます。

真宗同朋会とは、純粋なる信仰運動である。
それは従来単に門徒と称していただけのものが、心から親鸞聖人の教えによって信仰にめざめ、代々檀家《だんか》と言っていただけのものが、全生活をあげて本願念仏の正信に立っていただくための運動である。
その時寺がほんとうの寺となり、寺の繁昌、一宗の繁昌となる。
然《しか》し単に一寺、一宗の繁栄のためのものでは決してない。それは「人類に捧げる教団」である。世界中の人間の真の幸福を開かんとする運動である。

（一九六二（昭和三十七）年『真宗』十二月号「真宗同朋会―住職の手引―」巻頭言）

同朋会運動は、ともに教えを聴聞する同朋として人々がつどうことにおいて、互いにこころひらかれ、睦《むつ》みあい、「人間の真の幸福」が一人ひとりに生まれてくることを願う運動です。そのために、一人ひとりが教えを聴聞し、念仏にであう場を「真宗同朋会」として、一ヵ寺一ヵ寺、また地域や職場にひらいていくことを、具体的な目標としてはじまりました。したがって、「同朋の会」は単なる人の集まりではなく、一人ひとりが念仏にであい、互いを敬愛する同朋として見出し合う場であり、その場をとおして、ともなる世界を願って生きる人が生み出されることを願い発足したのが同朋会運動なのです。このことは、後に「家の宗教から個の自覚の宗教へ」というスローガンとして明確にされていきます。

この「個の自覚の宗教へ」とは、家、家庭をすてて、個人主義にならなければばならないということを意味するものではありません。真宗の教えが、家の宗教だということにとどまって、一人ひとりの目覚めを促し、生きる力を生み出すものとなっていない。そのような時代と宗門の状況にあって、スローガンは、僧侶も門徒も、一人ひとりが教えに生きる者になろうという願いを表明するものです。真宗の教えは、あらゆる存在が平等であるという目覚めを促します。つまり、老少、男女、善悪等、さまざまな価値観によって、人を分け隔《へだ》てしてしまう私たちが、聞法《もんぽう》をとおして同朋の自覚に立ち、同朋として生きたいと願う、それが「個の自覚」の意味するところです。同朋会運動は、このように同朋という人間関係を回復したいという精神に立脚する信仰運動なのです。

寺院、組、教区、そして宗門は、この信仰運動を推進していくところに役割があります。宗門に縁をもった私たち一人ひとりが、僧侶・門徒の区別や性別などを超えて、互いに同朋として見出すところに同朋会運動ははじまり、教えのもとにつどう場に自ら身を置き、また場をひらき続けていくことに、同朋会運動の展開があるのです。

第二章

宗祖親鸞聖人のご生涯

一　誕生と出家

誕生

浄土真宗《じょうどしんしゅう》の宗祖親鸞聖人《しゅうそしんらんしょうにん》は、平安時代も終わりのころ、一一七三（承安三《じょうあん》）年に、京都でお生まれになりました。幼名《ようみょう》は、「松若丸《まつわかまる》」とも「十八公麿《じゅうはちこうまろ》」とも伝えられています。

父親は、日野有範《ひのありのり》という朝廷《ちょうてい》に仕《つか》える役人でした。母親については、さだかではありません。※1

※1　親鸞聖人の母親は、「吉光女《きっこうにょ》（貴光女《きこうにょ》）」という名前であったという伝承があります。

出家（九歳）

親鸞聖人の幼少のころは、源氏《げんじ》と平氏《へいし》の戦いや、飢饉《ききん》や伝染病《でんせんびょう》、また大地震などの災害が相次《あいつ》ぎました。

幼いころに両親と離れられた聖人は、九歳の春、伯父《おじ》の日野範綱《ひののりつな》にともなわれ、後《のち》の天台座主《てんだいざす》・慈鎮和尚《じちんかしょう》（慈円《じえん》）のもとで出家《しゅっけ》されました。

聖人の出家については、一つの伝承があります。聖人が慈鎮和尚のもとに夜遅く到着されたからでしょうか、慈鎮和尚は「今日は遅いので、出家の式は明日にしましょう」と言われました。そのとき、聖人は次のような和歌を詠《よ》まれました。

聖人の出家《しゅっけ》（『親鸞伝絵《しんらんでんね》』東本願寺蔵）
『親鸞伝絵』は聖人のひ孫である本願寺第３代覚如上人《かくにょしょうにん》によってつくられた絵巻物。聖人の伝記としては最も古い。

明日ありと　おもうこころの　あだ桜
夜半《よわ》に嵐の　吹かぬものかは

【現代語訳】

明日ありと　思う心は　はかなく散る桜のよう
夜中に嵐が　吹かないことはないのだから

人間の命を桜の花にたとえてつくられたこの和歌には、「人間の命は、明日があると言えないから、今すぐに出家させてほしい」という願いがこめられています。この和歌を聞いて感動した慈鎮和尚は、すぐに出家の式をおこなったと伝えられています。

聖人が出家された一一八一（養和《ようわ》元）年は、平清盛《たいらのきよもり》の死や、多くの死者を出した大飢饉が発生した年です。聖人の出家の動機は、はっきりと分かっていませんが、これらのことが関わっていたのではないでしょうか。また、聖人には数人の兄弟がいたと言われていますが、みな出家をしています。

出家をされた聖人は、「範宴《はんねん》」と名のられました。それから二十年もの間、比叡山延暦寺《ひえいざんえんりゃくじ》で堂僧《どうそう》として、きびしい修行と学問にはげまれました。堂僧とは、常行三昧堂《じょうぎょうさんまいどう》で阿弥陀仏像のまわりを歩きながら不断念仏をする僧のことです。しかし、どれだけ修行と学問にはげんでも、さとりを開く道を見いだすことはできませんでした。このころの様子を『歎徳文《たんどくもん》』※1には、次のように伝えられています。

定水《じょうすい》を凝《こ》らすと雖《いえど》も識浪《しきろう》頻りに動き、心月《しんげつ》を観《かん》ずと雖《いえど》も妄雲《もううん》猶覆《なおおお》う。

（真宗聖典第二版九〇一頁）

【現代語訳】

心をしずめようとしても意識は浪《なみ》のように動き、清《きよ》らかな心を観《み》ようとしても迷いの雲が覆ってしまう。

聖人は、きびしい修行によって心をしずめようとしても、しずめることのできない自分自身を見つめられました。悩み抜かれた聖人は、一二〇一（建仁《けんにん》元）年、二十年間におよぶ比叡山《ひえいざん》での修行をやめ、ついに下山を決意されました。聖人二十九歳のときでした。

※1　覚如上人《かくにょしょうにん》（親鸞聖人のひ孫）の子・存覚上人《ぞんかくしょうにん》の著作。

略系図

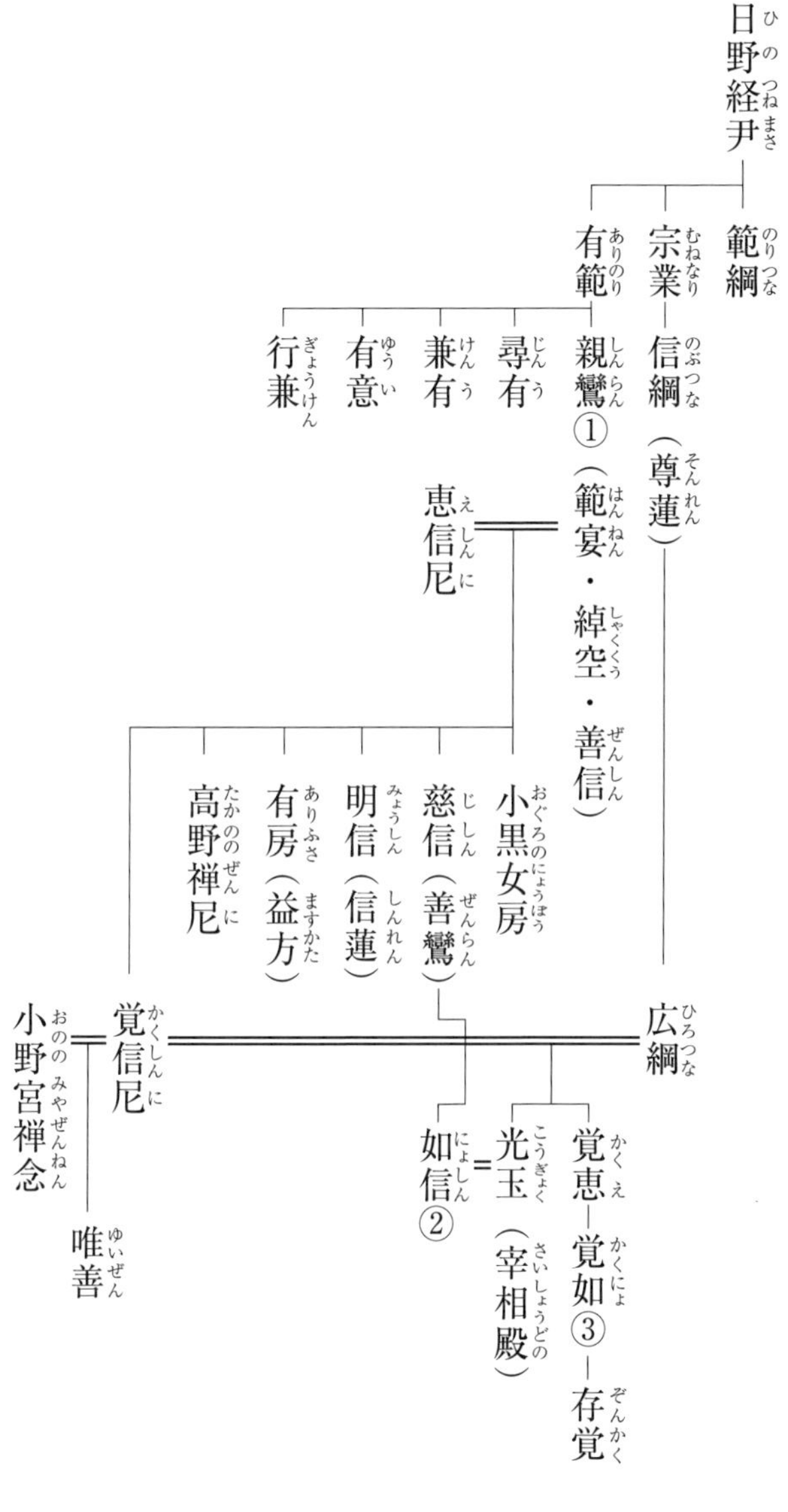

※丸数字は本願寺歴代を示す

二　法然上人《ほうねんしょうにん》とのであい

法然上人とのであい（二十九歳）

親鸞聖人は、二十九歳のとき、比叡山の仏教と決別し、歩むべき道を求めて聖徳太子《しょうとくたいし》ゆかりの六角堂《ろっかくどう》に百日間こもられました。その九十五日目の暁《あかつき》、夢に聖徳太子のお告《つ》げをうけられました。それは、次のような偈文《げもん》であったと言われています。

行者宿報設女犯《ぎょうじゃしゅくほうせつにょぼん》
我成玉女身被犯《がじょうぎょくにょしんぴぼん》
一生之間能荘厳《いっしょうしけんのうしょうごん》
臨終引導生極楽《りんじゅういんどうしょうごくらく》

行者宿報にして設《たと》い女犯すとも
我《われ》玉女の身と成《な》りて犯《ほん》せられん
一生の間能《よ》く荘厳して
臨終に引導して極楽に生ぜしめん

【現代語訳】

行者よ、はるか昔からの業《ごう》の報《むく》いによって、たとえ女犯することになるとも、
私が玉のように美しい女性の身となって犯されよう。
生涯を仏道の歩みとならしめて、
命終わるときには、導き、
極楽浄土に生まれさせよう。

聖人は、この夢告《むこく》にみちびかれて、吉水《よしみず》の草庵《そうあん》（現在の京都市東山区）におられた法然上人《ほうねんしょうにん》のもとをたずねられます。法然上人は、誰に対しても平等に「ただ念仏もうしなさい」とい

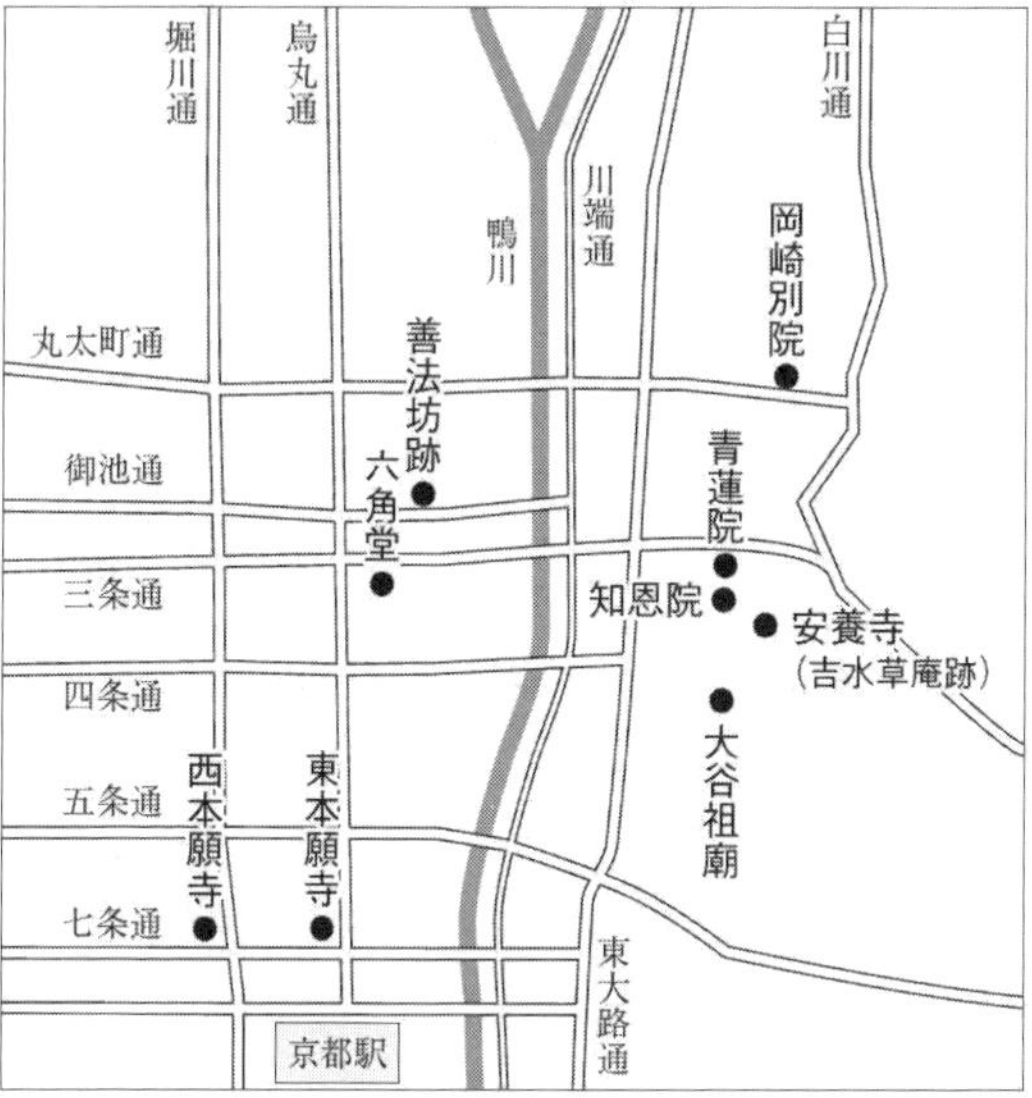

現在の京都市略地図
※善法坊《ぜんぼうぼう》は聖人入滅の地（49頁参照）

う専修《せんじゅ》念仏の教えをお説きになっていました。

聖人は、法然上人のもとにさらに百日間通《かよ》い、その教えをくりかえしくりかえし聞き続けられました。この百日間の聞法《もんぽう》を通して、ついに、専修念仏の教えこそすべての人に開かれている仏道であるとうなずかれ、法然上人を生涯の師と仰《あお》ぎ、念仏もうす身となられました。

この法然上人とのであいを、聖人は、主著《しゅちょ》『顕浄土真実教行証文類《けんじょうどしんじつきょうぎょうしょうもんるい》』（『教行《きょうぎょう》信証《しんしょう》』）に次のように記《しる》されています。

愚禿釈《ぐとくしゃく》の鸞《らん》、建仁辛《けんにんかのと》の酉《とり》の暦《れき》、雑行《ぞうぎょう》を棄《す》てて本願《ほんがん》に帰《き》す。

（真宗聖典第二版四七四頁）

【現代語訳】

私は、建仁元年、念仏以外のすべての行を棄てて「ただ念仏せよ」という阿弥陀仏《あみだぶつ》の本願に帰依《きえ》したのです。

聖人は、法然上人とのであいを通して、すべての人を念仏一つで救いたいという阿弥陀仏の願いを依《よ》りどころとし、念仏者として歩みだされたのです。

聖人、『選択集《せんじゃくしゅう》』の書写を許される
（『親鸞伝絵』東本願寺蔵）

吉水時代（二十九歳から三十五歳）

親鸞聖人は、法然上人のもとで約六年間過ごされ、法然上人の多くの門弟《もんてい》とともに専修念仏の教えを聞き続けられました。

この吉水時代に、聖人は、法然上人から主著『選択本願念仏集《せんじゃくほんがんねんぶつしゅう》』（『選択《せんじゃく》集《しゅう》』）の書写と真影《しんねい》（法然上人の肖像《しょうぞう》画《が》）の製作を許されました。多くの門弟の中で、『選択集』の書写を許されたのは、わずか数人だったと伝えられています。ここに聖人は、法然上人の弟子《でし》として、その教えを伝えていくことを使命とされたのです。そして、聖人は夢告によって、吉水時代の名前であった「綽空《しゃくくう》」を改《あらた》めて、新しい名前を名のられました。[※1]聖人三十三歳のときでした。

また、恵信尼公《えしんにこう》とであい、結婚されたのもこのころとされています。[※2]恵信尼公が末娘の覚信尼公《かくしんにこう》に宛《あ》てたお手紙には、聖人が比叡山で堂僧をつとめていたことや、法然上人のもとに百日間通われたことなども記されています。

※1　新しい名前はさだかではありませんが、現在は「善信《ぜんしん》」という説と、「親鸞」という説があります。

※2　恵信尼公の生まれについては、京都の貴族出身という説と、越後の豪族《ごうぞく》出身という説があります。

流罪《るざい》の際、聖人が上陸したと伝えられる居多ヶ浜《こたがはま》（新潟県上越市《じょうえつし》）

三　越後・関東での生活

越後での生活（三十五歳から四十歳ごろ）

法然上人の専修念仏の教えには、親鸞聖人だけでなく、老若男女、身分を問わず、たくさんの人々が帰依されました。

しかし、学問や戒律などのあらゆる修行を必要としない専修念仏の教えは、延暦寺《えんりゃくじ》や奈良の興福寺《こうふくじ》などの他宗から強い反発をうけることになります。特に興福寺は、「興福寺奏状《そうじょう》」を朝廷に提出し、法然上人の教えのあやまちをあげて、専修念仏の停止を訴えました。再三の訴えにより、ついに朝廷が弾圧《だんあつ》に踏み切ることになります。

その結果、四人が死罪《しざい》、八人が流罪《るざい》というきびしい処罰《しょばつ》が下され、法然上人は土佐《とさ》（高知県）へ、親鸞聖人は越後《えちご》（新潟県）へ流罪となりました。聖人三十五歳のときでした。

聖人が越後でどのような生活をされていたのかは、さだかではありません。ただ、恵信尼公も同行《どうこう》されたようで、越後で息子の信蓮房明信《しんれんぼうみょうしん》が誕生しています。

流罪から五年後、聖人三十九歳のとき、法然上人とともにようやく流罪が許されました。法然上人は京都に帰られましたが、翌年、八十年の生涯を閉じられました。聖人は、法然上人の死を知ると、京都には帰らず、しばらく越後にとどまられました。

関東での生活（四十歳ごろから六十歳ごろ）

しばらく越後にとどまられた親鸞聖人は、その後、家族をともない越後から関東へと向かわれました。

その旅の途中、上野《こうずけ》（群馬県）の佐貫《さぬき》で三部経千部読誦《さんぶきょうせんぶどくじゅ》※1という聖人にとって重要な出来事がありました。この年は、天候不順で、雨の降らない日が続いていたと言われています。人々からの要請《ようせい》があったからでしょうか、聖人は、苦しむ人々をたすけるために三部経千部読誦をはじめられます。しかし、数日後、「なぜ三部経を読誦するのか、念仏だけでは不足なのか」と思いかえされて、三部経を読誦することをやめられました。聖人四十二歳のときでした。

聖人は、この出来事を五十九歳のときに再び思い出されます。この年も、天候不順が原因で大飢饉が発生していました。聖人は風邪を引き、熱が出て苦しむ中で、『大無量寿経《だいむりょうじゅきょう》』を読誦されます。このとき聖人は、佐貫での三部経千部読誦のことを思い出し、自分自身の自力の心の根深《ねぶか》さを見つめられ、『大無量寿経』を読誦することをやめられたのでした。

経典《きょうてん》を読誦する二つの出来事には、法然上人の「ただ念仏して、阿弥陀仏にたすけられよ」という教えに帰依したにもかかわらず、その教えを見失い、念仏以外のものを求めている聖人の姿がありました。聖人は、四十二歳のときの三部経千部読誦と五十九歳のときの出来事を通して、あらためて法然上人の専修念仏の教えに立ちかえり、自分自身を見つめていかれたのです。

約二十年間滞在した関東で、聖人は、常陸《ひたち》（茨城県）の稲田《いなだ》を中心に、念仏の教えを広く伝えていかれました。念仏の教えを広めていくことは、法然上人の遺言《ゆいごん》でもあったのです。聖人の教化によって、関東の各地にはたくさんの門弟が誕生しました。

聖人の門弟の中に、もともと板敷山《いたじきやま》（現在の茨城県石岡市《いしおかし》）で修行をする山伏《やまぶし》であった明法房《みょうほうぼう》（弁円《べんねん》）という人がいました。明法房は、教化に来た聖人に反感を持ち、命を奪おうとまでしましたが、聖人とであうことによって、念仏の教えに深く帰依した人です。聖人は、このような念仏に帰依した人々を、親しく同朋《どうぼう》・同行《どうぎょう》と呼び、ともに念仏の教えを聞いていかれました。

このように、法然上人の専修念仏の教えを聞き、その教えを広く伝えていこうとして執筆《しっぴつ》されたのが、主著『教行信証《きょうぎょうしんしょう》』です。『教行信証』は、この関東の地において書きはじめられたと言われています。

※1　『大無量寿経《だいむりょうじゅきょう》』・『観無量寿経《かんむりょうじゅきょう》』・『阿弥陀経《あみだきょう》』という三部の経典を千回読むこと。

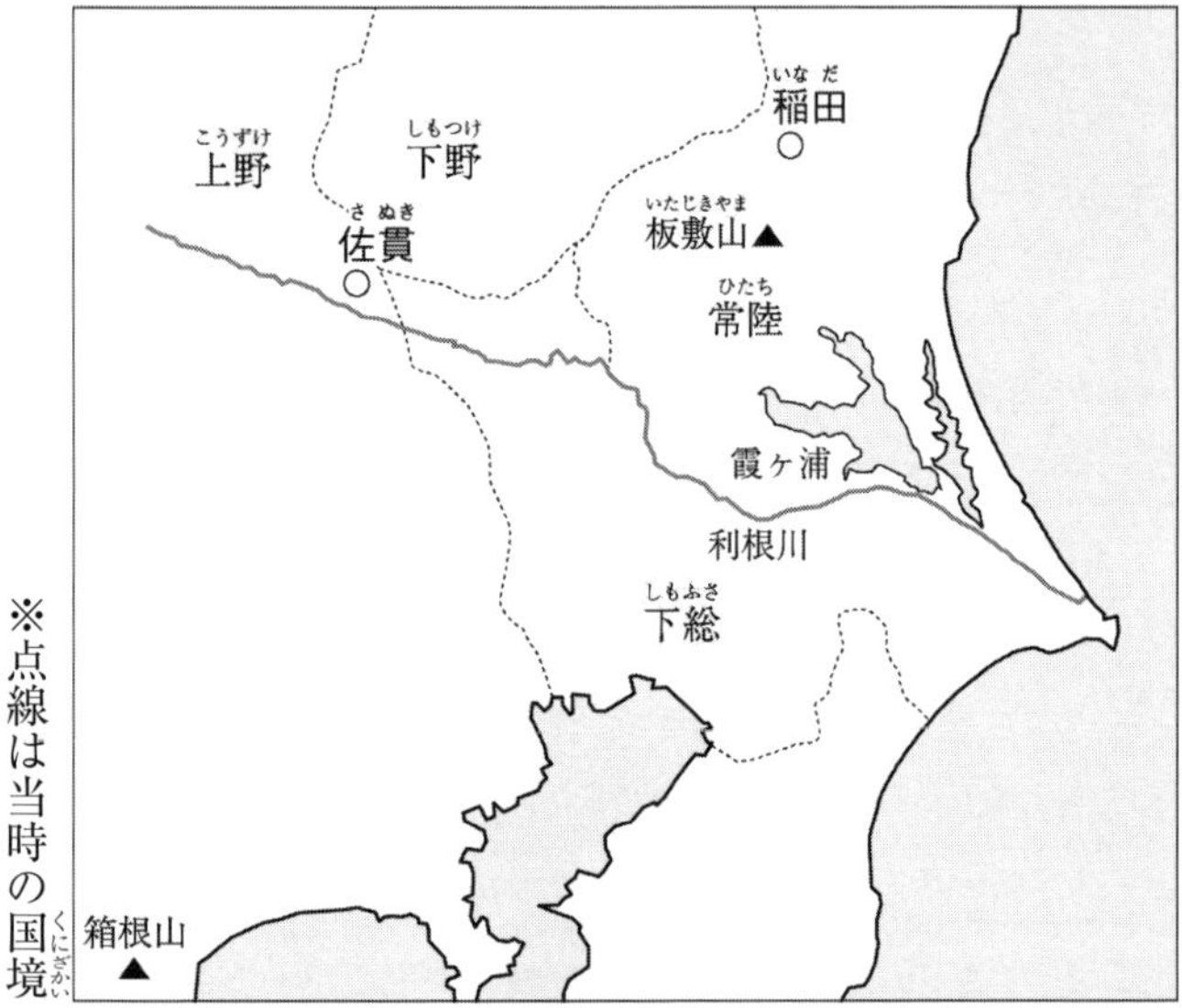

稲田《いなだ》
上野《こうずけ》
下野《しもつけ》
佐貫《さぬき》
板敷山《いたじきやま》
常陸《ひたち》
霞ヶ浦
利根川
下総《しもふさ》
箱根山
※点線は当時の国境《くにざかい》

関東略地図

聖人と明法房《みょうほうぼう》とのであい（『親鸞伝絵』東本願寺蔵）

親鸞聖人の足跡（推定）

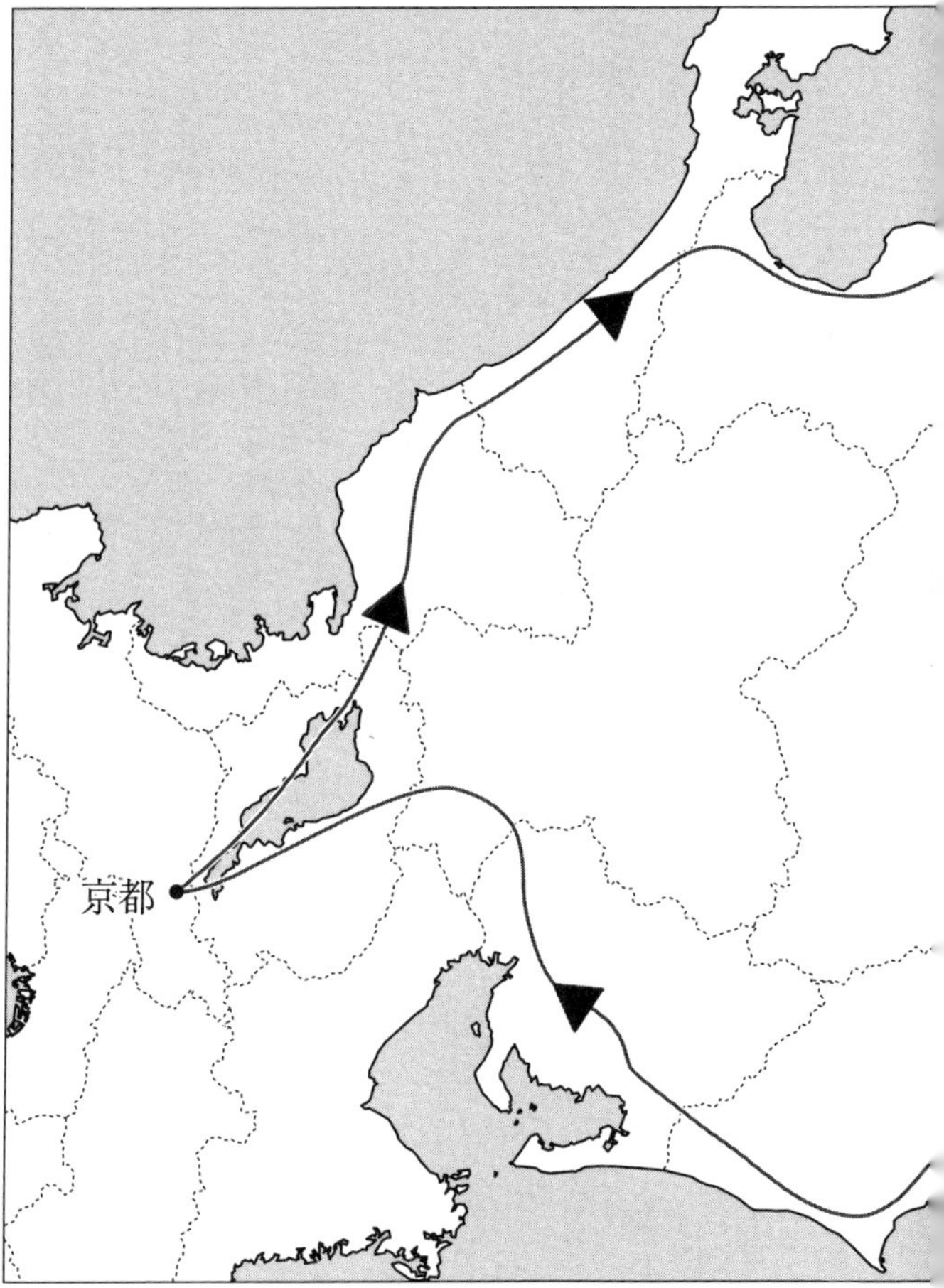

※点線は現在の県境

四　京都での生活

京都での生活（六十歳ごろから九十歳）

親鸞聖人は、六十歳ごろ関東から生まれ故郷の京都に帰られたと言われています。その理由はさだかではありませんが、京都で『教行信証』を書きすすめるとともに、和讃《わさん》などたくさんの著作を書かれています。そこには、関東の門弟との交《まじ》わりを通して、念仏の教えを確かめていかれた聖人の姿がありました。

ところが聖人が京都に帰られた後、関東では念仏の教えのうけとめをめぐって様々な混乱や対立がおこりました。それは、どんなに悪いことをしても救いのさまたげとはならない（造悪無碍《ぞうあくむげ》）と主張して人々を混乱させたり、また、念仏を一回称《とな》えるだけで救われるという立場の者と、たくさん称えなければ救われないという立場の者とのあらそい（一念多念《いちねんたねん》のあらそい）などです。そこで聖人は、関東の門弟にお手紙や書物を送り、いましめようとされましたが、容易にはおさまりませんでした。

この状況を終息《しゅうそく》させるため、聖人は、長男の慈信房善鸞《じしんぼうぜんらん》を関東に派遣しました。善鸞は、聖人の期待に応《こた》えようとしましたが、混乱がおさまることはありませんでした。やがて、善鸞は「私一人が、父である親鸞聖人より、夜秘《ひそ》かに正しい教えを授《さず》かった」などと偽《いつわ》るようになり、関東の門弟をますます惑《まど》わせていきました。その事実を知った聖人は、ついに善鸞と親子の縁を切るという義絶《ぎぜつ》を決断されました。聖人八十四歳のときでした。

このような悲しい出来事がありながらも、聖人は、終生《しゅうせい》同朋・同行に寄りそい、念仏の教えを伝え続けられました。

聖人の晩年のお手紙には、法然上人の教えがしばしば記されています。

故法然聖人《こほうねんしょうにん》は、「浄土宗《じょうどしゅう》のひとは愚者《ぐしゃ》になりて往生《おうじょう》す」と候《そうら》いしことを、たしかにうけたまわり候《そうら》いし

（『末燈鈔』真宗聖典第二版七三九頁）

【現代語訳】

亡くなられた法然上人が、「浄土宗の人は、愚者になって往生するのである」とおっしゃったことを確かにお聞きしました

八十八歳のときに書かれたこのお手紙には、吉水時代に聞いた念仏の教えを今でもはっきりと覚えていることが記されています。このように聖人は、関東の門弟とともに、生涯をかけて法然上人の念仏の教えを聞き続けていかれたのです。

入滅（九十歳）

親鸞聖人は、一二六二（弘長《こうちょう》二）年十一月下旬に体調を崩《くず》されました。それからは、世間のことは口にせず、もっぱら念仏を称えていたと伝えられていま

す。そして二十八日、弟尋有《じんう》の住《す》まいである善法坊《ぜんぼうぼう》（現京都御池中学校）において、ついに九十年の生涯を終えられました。

末娘の覚信尼公ら家族や門弟たちが、死を看取《みと》り、葬儀《そうぎ》をおこなったと伝えられています。遺骨《いこつ》は、大谷《おおたに》（現在の京都市東山区）に埋葬《まいそう》され、小さなお墓が立てられました。このお墓が廟堂《びょうどう》となり、やがて本願寺《ほんがんじ》（真宗本廟《しんしゅうほんびょう》）の御影《ごえい》堂《どう》へとうけつがれていくのです。

聖人の遺言として、後世伝えられたものに、「御臨末《ごりんまつ》の御書《ごしょ》」という歌があります。

一人居《い》て喜《よろこ》ばは二人と思うべし　二人居て喜ばは三人と思うべし

その一人は親鸞なり

【現代語訳】

一人いて念仏もうして喜ぶなら、二人いると思ってください。二人いて念仏もうして喜ぶなら、三人いると思ってください。その一人は、親鸞です。

この歌には、念仏の教えを聞く私たちにどこまでも寄りそう聖人の姿が見事にあらわされています。親鸞聖人は、人々とともに念仏の教えを聞き続けていくことに、生涯を捧《ささ》げられた人だったのです。

真宗大谷派教学研究所編『はじめて読む　親鸞聖人のご生涯』
（東本願寺出版発行）より

聖人の入滅（『親鸞伝絵』東本願寺蔵）

火葬の様子（『親鸞伝絵』東本願寺蔵）

初期の廟堂《びょうどう》（『親鸞伝絵』東本願寺蔵）

第三章

真宗の教え

――正信偈に学ぶ――

一　正信偈《しょうしんげ》とは

私たちは、阿弥陀仏《あみだぶつ》から、浄土に生まれてほしいと願いをかけられていま す。この仏の願いに気づかされ、念仏に依りつつ、たまわった人間としてのい のちを生きること、これを正信《しょうしん》の道といいます。宗祖親鸞聖人《しゅうそしんらんしょうにん》は、この正信の よろこびを、

帰命無量寿如来《きみょうむりょうじゅにょらい》　無量寿如来《むりょうじゅにょらい》に帰命《きみょう》し、
南無不可思議光《なむふかしぎこう》　不可思議光《ふかしぎこう》に南無《なむ》したてまつる。

（真宗聖典第二版二二六頁）

【現代語訳】

量《はか》りしれない寿命《いのち》をもった阿弥陀如来に帰依し、

人間の思いを超えた如来が放《はな》つ光に帰依いたします。

と「正信偈」にうたっておられます。寿命とは仏の慈悲をあらわし、光とは仏の智慧《ちえ》をあらわしています。この無量なる慈悲と智慧に帰命（南無）しますということが「南無阿弥陀仏」つまり念仏の意味です。聖人は、「正信偈」をおつくりになるにあたって、まず自らの念仏の信心を、この二句のことばをもってあらわされ、この信心は如来よりたまわりたるものであるとたたえておられます。

「正信偈」は、正式には「正信念仏偈《しょうしんねんぶつげ》」といい、浄土真宗《じょうどしんしゅう》の根本聖典《こんぽんせいてん》である『教行信証《きょうぎょうしんしょう》』「行巻《ぎょうのまき》」の終わりに記されています。親鸞聖人が深い感動を持って受け取られた本願念仏《ほんがんねんぶつ》の教えを親しみやすい偈頌《げじゅ》というたの形式で書き記され、私たちに伝えてくださったものです。七文字を一句とし、百二十句からなっています。「正信偈」は、真宗門徒《もんと》が朝夕のおつとめに用いるものであり、親鸞聖人のおことばのなかでも、もっとも親しまれているお聖教《しょうぎょう》の一つです。

「正信偈」は、大きく二つの内容からなっています。前半は本願念仏の教えをお説きくださった釈尊《しゃくそん》（釈迦牟尼世尊《しゃかむにせそん》）への讃嘆《さんだん》であり、後半はその釈尊の教えを正しく受けとめ、明らかにしてくださった七人の高僧への讃嘆です。その七人の高僧とは、インドの龍樹菩薩《りゅうじゅぼさつ》・天親菩薩《てんじん》、中国の曇鸞大師《どんらんだいし》・道綽禅師《どうしゃくぜんじ》・善導大師《ぜんどう》、日本の源信僧都《げんしんそうず》・源空《げんくう》（法然《ほうねん》）上人《しょうにん》です。

仏教は、インドで興《おこ》り、中国や朝鮮半島を経て日本へと伝わりました。この仏教伝播《でんぱ》の歴史は、仏の教えに生き、伝えた人々の歴史にほかなりません。もっといえば、仏の教えにであい、仏の教えに救われた人々の歴史といえるでしょう。そのような歴史を経て、仏の教えは親鸞聖人にまで伝わったのでした。

親鸞聖人が、「正信偈」において、仏の教え、そして七高僧の教えに聞き取ろうとしているのは、自分に先立って阿弥陀仏の本願にであってくださった数限りない人々の、いまを生きる私たちへの深い願いなのです。

二　法蔵菩薩《ほうぞうぼさつ》

親鸞聖人は、師である法然上人とのであいによっていただかれた教えを、「浄土真宗」と明らかにされました。それは、浄土がまこと（真）のむね（宗）である、浄土こそが本当の依《よ》りどころであるという意味です。私たちの欲望に左右されることなく、どんな状況でも失われることのない本当の依りどころこそが、浄土であるとお説きになられたのです。

「正信偈」には、法蔵菩薩の願いとして浄土が明らかにされています。親鸞聖人は、阿弥陀仏の本願をたたえるときに、阿弥陀仏になられる前の因位《いんに》（さとりをえるために因となる行をおさめている位のこと）の名である法蔵菩薩の願いとして語られるのです。

なぜ親鸞聖人は、仏になられた果《か》の位の阿弥陀仏ではなく、因の位の法蔵菩薩の名前で、阿弥陀仏の恩徳《おんどく》を述べられるのでしょうか。

「正信偈」には、「法蔵菩薩因位時《ほうぞうぼさいんにじ》」「観見諸仏浄土因《とけんしょぶじょうどいん》」と、繰り返し因ということばが出てきます。浄土真宗の教えは、因ということを大切にします。一般的に宗教というのは、果をたまわるものであると私たちは思っています。いわゆる無病息災《むびょうそくさい》、商売繁盛《しょうばいはんじょう》、家内安全《かないあんぜん》です。しかし、結果としての利益は、いただいたときは感謝しますが、すぐにそれが当たり前になって、次の利益を要求します。どこまでいっても本当に満足するということがありません。それに対して、因をいただくということは、できあがった幸福を求めるのではなく、いまのこの身を受けとめ、歩み始める力をたまわるということです。

『大無量寿経《だいむりょうじゅきょう》』という親鸞聖人が「真実の教え」といただかれた経典《きょうてん》には、釈尊が阿難《あなん》という仏弟子《ぶつでし》の問いに応《こた》えて語り聞かせるというかたちで、法蔵菩薩の物語が詳しく説かれています。

> 爾《そ》の時《とき》に次《つぎ》に仏有《ぶつましま》しき。世自在王如来《せじざいおうにょらい》・応供《おうぐ》・等正覚《とうしょうがく》・明行足《みょうぎょうそく》・善逝《ぜんぜい》・世《せ》間解《けんげ》・無上士《むじょうじ》・調御丈夫《じょうごじょうぶ》・天人師《てんにんし》・仏《ぶつ》・世尊《せそん》と名《な》づけたてまつる。時《とき》に国《こく》

王有《おうましま》しき。仏《ぶつ》（世自在王仏）の説法《せっぽう》を聞《き》きて心《しん》に悦予《えつよ》を懐《いだ》き、尋《すなわ》ち無上正真道《むじょうしょうしんどう》の意《こころ》を発《おこ》しき。国《くに》を棄《す》て、王《おう》を捐《す》てて、行《ぎょう》じて沙門《しゃもん》と作《な》り、号《ごう》して法蔵《ほうぞう》と曰《い》いき。

（真宗聖典第二版一一頁）

【現代語訳】

遙《はる》か昔に、世自在王《せじざいおう》という仏がおられました。そのとき、一国の王であった人がその仏の教えを聞き、心からよろこんで自らも仏になって世の人を悩みや苦しみから救いたいと願われました。そして、国をすて、王位をすてて、出家され修行者となって、法蔵と名のられました。

世自在王とは、字があらわすように、自在に世のなかを生きていくということです。その仏のもとで修行される法蔵菩薩は、国と王位をすてたと説かれています。私たちは、自由に生きていくことは、誰からも指図《さしず》されず自分の思いどおりに生きていくことだと考えます。それならば国王というのは、ある意味で一番自由ということにもなります。しかしその自由は、誰かの犠牲《ぎせい》の上に成り立つ自由です。法蔵菩薩の誓いは、そのような在り方を超えるかたちで発《おこ》されたものであることを、親鸞聖人は大切にされたのです。自分の望みを実現するための理想郷《りそうきょう》ではなく、すべての人が自在に生き合う世界である浄土に、私たちを生まれさせたい。そのように願い続けているのが法蔵菩薩なのです。

三　釈尊《しゃくそん》

釈尊（紀元前四六三―三八三年頃）は北インドの現在のネパール南部ルンビニーというところにお生まれになりました。俗名《ぞくみょう》をゴータマ・シッダールタ太《たい》子《し》といいます。

釈尊の出家について「四門出遊《しもんしゅつゆう》」の物語が伝えられています。太子が王城の東門を出て行かれたとき老人を、南門を出られたとき病人を見られました。また、西門を出られると死者をおくる葬列にあわれました。このようなことが太子の心に誰もさけることのできない生老病死《しょうろうびょうし》の苦悩を呼び起こしたのです。次に北門を出られたとき、静かに歩いていく沙門《しゃもん》（出家者）を見られました。このことをきっかけとして、生老病死の苦しみを超えることを求めて太子は出家をこころざしました。そして、ついに二十九歳のとき、王城をすて、王である父がつかわした五人の家臣とともに山に入って六年の苦行生活をつまれました。しかし、苦行では人生の苦悩は解決できないことを知り、ひとり苦行をすてて、菩提樹《ぼだいじゅ》の下に座って瞑想《めいそう》をかさねられたのです。その四十九日目の暁に、さとりをひらかれました。ときに三十五歳でした。

釈迦如来像《しゃかにょらいぞう》（御影堂門楼上）
（溝縁ひろし撮影）

　さとりをひらかれた釈尊は、かつてともに修行した五人の比丘《びく》（修行僧）のいる鹿《ろく》野苑《やおん》をたずね、説法《せっぽう》をされました。すると、この五人の比丘も釈尊と同じく心の目覚めをえました。この出来事において人類の歴史の上に初めて、真理に目覚めた者（仏＝ブッダ）によって、真実の教え（法＝ダルマ）が説かれ、仏の教えに生きる者の集まり（僧＝サンガ）が誕生したのでした。仏教ではこの仏・法・僧を宝とし（三宝《さんぼう》）、帰依《きえ》すること（三帰依《さんきえ》）を仏弟子《ぶつでし》の基本としま す。

釈尊は、八十歳でお亡くなりになるまでの四十五年間、各地を歩かれ、教えを説かれました。その教えは八万四千といわれるほどたくさんあります。親鸞聖人は、釈尊をたたえて「正信偈」に、

如来所以興出世《にょらいしょいこうしゅっせ》
唯説弥陀本願海《ゆいせみだほんがんかい》
五濁悪時群生海《ごじょくあくじぐんじょうかい》
応信如来如実言《おうしんにょらいにょじつごん》

如来《にょらい》、世《よ》に興出《こうしゅつ》したまう所以《ゆえ》は、
唯《ただ》、弥陀本願海《みだほんがんかい》を説《と》かんとなり。
五濁悪時《ごじょくあくじ》の群生海《ぐんじょうかい》、
如来如実《にょらいにょじつ》の言《みこと》を信《しん》ずべし。

（真宗聖典第二版二二七頁）

【現代語訳】

釈尊や諸仏が世に現れるのは、ただ、この海のように深く広い本願を説こうとされるからです。世が濁り、悪がさかんな時代をともに生きる者たちよ、釈尊や諸仏のまことのことばを信じましょう。

と、阿弥陀仏の本願を説くことこそが釈尊の本懐《ほんがい》（本当の願い）であったとうたっておられます。この釈尊の本懐を明らかにしてくださった方々こそ七高僧です。

四　七高僧《しちこうそう》

龍樹《りゅうじゅ》

釈迦如来楞伽山《しゃかにょらいりょうがせん》
為衆告命南天竺《いしゅうごうみょうなんてんじく》
龍樹大士出於世《りゅうじゅだいじしゅっとせ》
悉能摧破有無見《しつのうざいはうむけん》

釈迦如来《しゃかにょらい》、楞伽山《りょうがせん》にして、
衆《しゅ》の為《ため》に告命《ごうみょう》したまわく、南天竺《なんてんじく》に、
龍樹大士《りゅうじゅだいじ》、世《よ》に出《い》でて、
悉《ことごと》く能《よ》く有無《うむ》の見《けん》を摧破《ざいは》せん。

（真宗聖典第二版二二九頁）

【現代語訳】

釈尊は、楞伽山というところで教えを説かれたとき、人々に告げておっしゃいました。「こののち、南インドに

龍樹という大いなる人が世に現れて、
有る・無いにとらわれるあり方をことごとくくだきやぶるだろう」と。

釈尊が楞伽山《りょうがせん》においでになったとき、「南インドに龍樹という大士（菩薩）が出て大乗《だいじょう》の教えを説くであろう」と予言されたという言い伝えがあります。この釈尊の予言に応えるように南インドに龍樹菩薩《りゅうじゅぼさつ》（一五〇―二五〇年頃）が出て、大乗（すべての人を乗せる乗り物のことで、すべての人をさとりに導く教えのこと）の教えを説かれました。

龍樹菩薩は、はじめバラモン教を学びましたが、仏教に転じました。はじめに学んだ仏教は、非常に高度で学問的な教えでしたが、龍樹菩薩はやがて大乗の教えこそが真実の仏の教えであると、明らかにされました。さらには、大乗の教えの中でも、自力で修行する道（難行《なんぎょう》）ではなく、本願に帰する道（易《い》行《ぎょう》）に入ることを示され、仏の本願を憶念《おくねん》することによって生きる意味と方向が定まる「現生不退《げんしょうふたい》」の道が凡夫《ぼんぶ》の身にひらかれてくることを示してくださ いました。

龍樹菩薩は、浄土真宗だけでなく、多くの宗派が祖師《そし》のひとりとして仰《あお》ぐ方です。しかし親鸞聖人は、龍樹菩薩の教えを深くいただかれ、釈尊の予言のごとく、阿弥陀の本願を明らかにしたいという釈尊の願いを引き継がれ、世に出られた方である、と受けとめていかれたのです。

天親《てんじん》

続いて、北インドに天親菩薩《てんじんぼさつ》（四〇〇—四八〇年頃）が出られました。天親菩薩は、大乗仏教のなかでも特に「唯識《ゆいしき》」という思想を大成《たいせい》された方として有名な方でありますが、苦悩を生きる者は阿弥陀仏の本願を信じ、この迷いの生を超え、浄土へと生まれていく以外に救われる道はないと示されました。

天親菩薩《てんじんぼさつ》、『論《ろん》』を造《つく》りて説《と》かく、

天親菩薩造論説《てんじんぼさぞうろんせ》

帰命無碍光如来《きみょうむげこうにょらい》　無碍光如来《むげこうにょらい》に帰命《きみょう》したてまつる。
依修多羅顕真実《えしゅたらけんしんじ》　修多羅《しゅたら》に依《よ》りて真実《しんじつ》を顕《あらわ》して、
光闡横超大誓願《こうせんおうちょうだいせいがん》　横超《おうちょう》の大誓願《だいせいがん》を光闡《こうせん》す。

（真宗聖典第二版二三〇頁）

【現代語訳】

天親菩薩は、釈尊の教えを受けとめて『浄土論《じょうどろん》』をお書きになって「無碍光如来に帰命いたします」とお説きになられました。『大無量寿経《だいむりょうじゅきょう》』を依りどころとして、真実を顕《あき》らかにし、よこさまに超えさせる大いなる誓願をひらきあらわしてくださいました。

天親菩薩は、『大無量寿経』の教えを深くいただかれ、『浄土論』をお書きになりました。その冒頭に天親菩薩は、「世尊《せそん》。我《われ》、一心《いっしん》に、尽十方無碍光如来《じんじっぽうむげこうにょらい》に帰命《きみょう》して、安楽国《あんらくこく》に生《う》まれんと願《がん》ず」（真宗聖典第二版一四五頁）と、ご自身の信心をお記しになり、『大無量寿経』の教えを依りどころとして、本願の仏道を明らかにされています。法然上人《ほうねんしょうにん》や親鸞聖人は、この天親菩薩の『浄土論』は釈尊の説かれた浄土三部経《じょうどさんぶきょう》と並んで大切な聖教《しょうぎょう》であると仰せになっています。

曇鸞《どんらん》

中国北部に生まれられた曇鸞大師《どんらんだいし》（四七六―五四二年）は、龍樹・天親菩薩の教えに学びつつ、天親菩薩がお教えくださっている信心とは、人間の理知《りち》から生まれるものではなく、阿弥陀如来のお力（他力）によってたまわるものであることを明らかにされました。

往還回向由他力《おうげんえこうゆたりき》　往還《おうげん》の回向《えこう》は他力《たりき》に由《よ》る。
正定之因唯信心《しょうじょうしいんゆいしんじん》　正定《しょうじょう》の因《いん》は唯《ただ》信心《しんじん》なり。

惑染《わくぜん》凡夫《ぼんぶ》信心《しんじん》発《ほ》
証知《しょうち》生死《しょうじ》即《そく》涅槃《ねはん》
必至《ひっし》無量光明土《むりょうこうみょうど》
諸有《しょう》衆生《しゅじょう》皆《かい》普化《ふけ》

惑染《わくぜん》の凡夫《ぼんぶ》、信心《しんじん》発《ほっ》すれば、
生死《しょうじ》即《すなわ》ち涅槃《ねはん》なりと証知《しょうち》せしむ。
必《かなら》ず無量光明土《むりょうこうみょうど》に至《いた》れば、
諸有《しょう》の衆生《しゅじょう》、皆《みな》普《あまね》く化《け》すといえり。

（真宗聖典第二版二三一頁）

【現代語訳】

私たちを浄土へ往かせるのも、また浄土から還《かえ》らせるのも、自分の力ではなく、阿弥陀仏の力に由来するのです。

私たちが浄土に生まれる身と定まる原因は、浄土に生まれさせたいという阿弥陀仏の願いを信じる心だけなのです。

煩悩に染まった凡夫に、阿弥陀仏の願いを信じる心が発《おこ》ると、煩悩を離れることなく、さとりに至るとはっきりと知らされるのです。

そして、必ず量りしれない光の世界にまで至るので、あらゆる生きとし生けるものは、みなもれることなく導かれていくことになるのです、と教えてくださいました。

曇鸞大師は、私たちの救いは阿弥陀仏のお力によるのであり、煩悩に染まった凡夫の身にたまわる真実の信心こそが、浄土へと私たちを導く因なのである、と明らかにされています。

親鸞という名は、天親菩薩の「親」と曇鸞大師の「鸞」の字をいただいて名のられたもので、親鸞聖人は天親・曇鸞両師の教えを深くいただかれたことがうかがわれます。

道綽《どうしゃく》

道綽禅師《どうしゃくぜんじ》（五六二―六四五年）は、幼くして出家されました。しかしその後、北周《ほくしゅう》という国の武帝《ぶてい》が厳しい仏教弾圧《ぶっきょうだんあつ》の政策をとり、仏像や経典を焼き払ったり、僧尼《そうに》を殺したり、強制的に還俗《げんぞく》させたりしたため、若い道綽禅師も僧侶の身分を失われたのでした。武帝の死後、仏教は復興し、道綽禅師も再び出家して仏道修行に励まれました。

しかし道綽禅師は、法難《ほうなん》をとおして、釈尊の時代から遠く隔《へだ》たり、いまや末《まっ》法《ぽう》を迎えた時代を生きていることを重く受けとめていかれました。末法とは、釈尊の時代から遠く隔たるにつれて仏法が衰微《すいび》した時代のことですが、道綽禅師は、

道綽決聖道難証《どうしゃっけっしょうどうなんしょう》　道綽《どうしゃく》、聖道《しょうどう》の証《しょう》し難《がた》きことを決《けっ》して、

唯明浄土可通入《ゆいみょうじょうどかつうにゅう》　唯《ただ》、浄土《じょうど》の通入《つうにゅう》すべきことを明《あ》かす。

（真宗聖典第二版二三一頁）

【現代語訳】

道綽禅師は、聖道の教えによってさとりをえることは困難であるとはっき

りと決定され、
ただ浄土だけがさとりへと通じ入っていくことができる門であると明らかにされました。

とあるように、厳しい修行・学問に励む聖者《せいじゃ》の道はあるけれども、その道を歩み、さとりをひらくことのできない、末法を生きるわが身を痛感されたのでした。そして、このような時代に生きる者に相応《ふさわ》しい（時機相応《じきそうおう》）教えでなければ、凡夫は救われないと、本願の教え（浄土門）を勧められたのでした。

善導《ぜんどう》

道綽禅師の教えを受けて、時機相応の本願の教えを明らかにされたのが善導《ぜんどう》大師《だいし》（六一三―六八一年）です。善導大師について、

善導独明仏正意《ぜんどうどくみょうぶっしょうい》　善導《ぜんどう》、独《ひと》り仏《ぶっ》の正意《しょうい》を明《あき》らかなり。

（真宗聖典第二版二三二頁）

【現代語訳】

善導大師は、ただ独り釈尊の心を正しく明らかにしてくださいました。

と、他の高僧が出られても、善導大師が世に出られて本願の教えを伝えてくださらなかったならば、釈尊の正しいお心は明らかにならなかった、と親鸞聖人はほめたたえておられます。

善導大師は、『仏説観無量寿経《ぶっせつかんむりょうじゅきょう》』の教えをとおして、「いまのこの私は、罪業《ざいごう》の凡夫であって、さとりをひらく縁のない者である」という罪の身に目覚め、その罪業の凡夫を救ってやまない阿弥陀仏の本願に頷《うなず》かれました。それまで『観無量寿経』は、心を静めて仏土《ぶつど》を観察《かんざつ》するという高度な修行を説く経典と考えられてきましたが、善導大師は、阿弥陀仏の本願に救われるべき凡夫であることに目覚め、念仏すべきことを説くことが経典の意《こころ》であり、まさしく時機相応の教えであることを明らかにされました。

この善導大師の教えは、遠く国を隔て年を隔てて、法然上人、親鸞聖人の心に強くひびきました。

源信《げんしん》

こうした高僧方の教えは源信僧都《げんしんそうず》（九四二―一〇一七年）、法然上人（一一三三―一二一二年）をとおして親鸞聖人に伝えられました。

源信僧都は、比叡山延暦寺《ひえいざんえんりゃくじ》で修行をされていました。学問的に名声を高められましたが、母のいましめによって世の名利《みょうり》をすて、比叡山の奥深くにある横《よ》川《かわ》に隠棲《いんせい》され、求道生活を続けられたのでした。中国にまでその名を知られるほどの学僧であった源信僧都でしたが、広く仏教を学びつつ本願の教えに深く帰依され、「それ往生極楽の教行は、濁世末代の目足なり」（『往生要集《おうじょうようしゅう》』）と、極楽（浄土）へと教えみちびく念仏こそが濁りきった悪世を見とおす目であり、生きぬいていく足である、と明らかにしてくださいました。親鸞聖人は、

源信《げんしん》広開《こうかい》一代教《いちだいきょう》　　源信《げんしん》、広《ひろ》く一代《いちだい》の教《きょう》を開《ひら》きて、
偏帰《へんき》安養《あんにょう》勧《かん》一切《いっさい》　　偏《ひとえ》に安養《あんにょう》に帰《き》して一切《いっさい》を勧《すす》む。

（真宗聖典第二版二三二頁）

【現代語訳】

源信僧都は、釈尊一代の教えを広く学んで、阿弥陀仏の浄土に自らひとえに帰依なさり、すべての人々にお勧めになりました。

と「正信偈」に述べ、源信僧都の教えをほめたたえておられます。

源空《げんくう》（法然《ほうねん》）

比叡山の奥深く横川で過ごされた源信僧都に対し、山を下り、大衆のなかで浄土の一宗をひらいて本願の教えを伝えられたのが法然上人《ほうねんしょうにん》です。

本師源空明仏教《ほんじげんくうみょうぶっきょう》　本師《ほんじ》源空《げんくう》は仏教《ぶっきょう》に明《あき》らかにして、
憐愍善悪凡夫人《れんみんぜんまくぼんぶにん》　善悪《ぜんあく》の凡夫人《ぼんぶにん》を憐愍《れんみん》せしむ。
真宗教証興片州《しんしゅうきょうしょうこうへんしゅう》　真宗《しんしゅう》の教証《きょうしょう》、片州《へんしゅう》に興《こう》ず。
選択本願弘悪世《せんじゃくほんがんぐあくせ》　選択本願《せんじゃくほんがん》、悪世《あくせ》に弘《ひろ》む。

（真宗聖典第二版二三二頁）

【現代語訳】

わが師源空（法然）上人は、釈尊の教えに明らかであって、
善をもとめながら悪に悩む凡夫を憐《あわ》れまれました。

真宗の教えの証《あか》しを、この片すみの小さな島国に興されました。
それによって、あらゆる人々を救いたいと念仏一つを選びとった阿弥陀仏のお心を、この悪世に広く伝え知らせてくださったのです。

といわれているように、法然上人は、凡夫である民衆のために、その生涯を仏道にささげられました。在家、出家の区別なく、日常生活のなかにあって道を求めていく集まりを、東山の吉水《よしみず》の草庵《そうあん》を中心につくられ、新しく浄土宗の独立を宣言されました。

法然上人御影（東本願寺蔵）

ここに、いままでになかった念仏の教団が生まれ、本願の教えが説かれはじめました。戦乱に苦しみ、人生の問題に悩む多くの人々が、法然上人のおられる吉水に集まって聞法されました。そのために、吉水教団は伝統教団から非難されるところとなり、上人は、親鸞聖人をはじめとする門弟《もんてい》とともに流罪《るざい》に処《しょ》せられました。
五年の後《のち》、流罪はゆるされましたが、法然上人によって民衆にひらかれた本願の教えは、親鸞聖人により「浄土真宗」として明らかにされていきます。

五　聖徳太子《しょうとくたいし》

また、「正信偈」にはふれられていませんが、親鸞聖人が大切にされた方に聖徳太子《しょうとくたいし》（五七四―六二二年）がおられます。聖徳太子について、聖人は八十歳を過ぎてから太子讃仰《たいしさんごう》の「和讃」を二百首以上あらわしておられます。その一部は『正像末和讃《しょうぞうまつわさん》』にも入っています。

大慈救世聖徳皇《だいじくせしょうとくおう》
父《ちち》のごとくにおわします

大悲《だいひ》救世《くせ》観世音《かんぜおん》
母《はは》のごとくにおわします
（「皇太子聖徳奉讃《こうたいししょうとくほうさん》」真宗聖典第二版六二一頁）

親鸞聖人は、聖徳太子を父母のように慈《いつく》しみお育てくださる方であると深い感動をもってうたわれています。

仏教はインド・中国の念仏者に受け継がれ、伝えられて、ついにわが国にも花がひらきました。その最初の方が聖徳太子でありました。

聖徳太子御影（東本願寺蔵）

当時、仏教が伝わってきたとき、新しい教えを受け入れることに対して、国のなかではげしい抗争があったことが伝えられています。そうしたなかにあって、人々の苦悩や願いを深く聞きとっていかれ、不安を超える道として、大乗仏教、すなわち本願の教えを選びとられたのが聖徳太子でありま す。太子は、「十七条憲法」の第二条に、仏・宝・僧の三宝《さんぼう》に帰すべきことを勧め、第十条には「共《とも》に是《こ》れ凡夫《ただひと》ならくのみ」（真宗聖典第二版一一五七頁）という人間への深い自覚が述べられ、人類の帰すべき道、国民の進むべき方向を定められました。親鸞聖人は、

この和国《わこく》に仏教《ぶっきょう》のともしびをつたえおわします

（『尊号真像銘文《そんごうしんぞうめいもん》』真宗聖典第二版六四二頁）

【現代語訳】

聖徳太子は、この日本の国に仏教のともしびをお伝えくださいました。

と述べられ、

和国《わこく》の教主聖徳皇《きょうしゅしょうとくおう》
広大恩徳謝《こうだいおんどくしゃ》しがたし
一心《いっしん》に帰命《きみょう》したてまつり
奉讃不退《ほうさんふたい》ならしめよ

（「皇太子聖徳奉讃《こうたいししょうとくほうさん》」真宗聖典六一一頁）

【現代語訳】
和国の教主である聖徳太子の広く大きな恩徳は、いかに感謝してもしつくすことはできません。一心に帰命もうしあげ、讃《ほ》めたてまつることをおこたらぬようにしなさい。

と、太子へのご恩をたたえておられます。

六　御同朋《おんどうぼう》の歩みをともに

弘経大士宗師等《ぐきょうだいじしゅうしとう》
拯済無辺極濁悪《じょうさいむへんごくじょくあく》
道俗時衆共同心《どうぞくじしゅうぐどうしん》
唯可信斯高僧説《ゆいかしんしこうそうせ》

弘経《ぐきょう》の大士《だいじ》・宗師等《しゅうしとう》、
無辺《むへん》の極濁悪《ごくじょくあく》を拯済《じょうさい》したまう。
道俗時衆《どうぞくじしゅ》、共《とも》に同心《どうしん》に、
唯《ただ》、斯《こ》の高僧《こうそう》の説《せつ》を信《しん》ずべしと。

（真宗聖典第二版二二三頁）

【現代語訳】

経を伝えひろめてくださった菩薩や真宗の祖師方は、煩悩のなかでどのような悪を犯しても、どこにあっても、救いあげてくださいます。

僧として生きる者であれ、日々生業《なりわい》をいとなみ生きる者であれ、その違い

常陸《ひたち》（茨城県）稲田の草庵
（『親鸞伝絵』東本願寺蔵）

を超えていまここにつどう人々よ、ともに同じ心を受けとめて、ただこれらの高僧の説くところを信じましょう。

と、「正信偈」は結んでいます。

「道俗時衆」、僧であるものも、僧でないものも、ともに本願による念仏をいただく、いまを生きる者です。親鸞聖人はこの「道俗」を御同朋《おんどうぼう》・御同行《おんどうぎょう》と呼んでおられます。

御同朋・御同行と呼び合うことのできる世界とは、単に人々がつどってつくりあげる世界ではありません。あらゆる人を、御同朋・御同行として見出し、大切にする世界であり、それは、すべての人々ががつながり合って生きているという事実に立ち帰るところに見出される世界です。私たち一人ひとりをその事実に呼びかえしたいという、本願を信じていくところに正信の道があります。

第四章

真宗門徒の生活
―お内仏のお給仕―

一　お内仏《ないぶつ》の荘厳《しょうごん》

本願念仏《ほんがんねんぶつ》の教えに依《よ》って生きる真宗門徒《もんと》の家では、「お内仏」の前に身を置き、合掌《がっしょう》して「南無阿弥陀仏」と念仏もうす生活が伝えられてきました。

真宗門徒はお仏壇《ぶつだん》のことを「お内仏」と呼びならわしてきました。単に仏壇を備えてきたということではなく、「お内仏」と表現することで、真宗独自の意味をいただいてきた生活のいとなみがそこにあります。それは苦悩のなかにおいて、人としていのちをたまわった尊さに目覚め、人と人がともに生きる道を歩んでほしいという、私たちにかけられた阿弥陀如来《あみだにょらい》の願いを聞いていく生活です。

「私のところは分家でまだ亡くなった人がいないのでお仏壇はありません」という話を聞くことがあります。一般的にお仏壇は先祖壇《せんぞだん》として、位牌《いはい》や遺影《いえい》を安置《あんち》し、ご先祖の供養《くよう》や家内安全を祈願《きがん》する場と受けとめられがちですが、お内仏は浄土の世界をあらわしたものです。ですからお内仏の荘厳とは、阿弥陀如来の願いによってひらかれる浄土の世界を目に見えるようにあらわしたものです。

そうしますと、お内仏のお給仕をするということは、単に綺麗《きれい》に飾《かざ》るということではなく、阿弥陀如来のおこころにふれていくことになるわけです。

お内仏の前に身をおいたとき、そこは阿弥陀如来の願いにふれていく大切な場となり、また親鸞聖人のつくられた「正信偈《しょうしんげ》」『和讃《わさん》』をおつとめし、蓮如上人の書かれた『御文《おふみ》』を拝読することで、真宗の教えを聞く身をいただく。そこからお寺の法座《ほうざ》へ、さらには真宗本廟へと身をはこび、親鸞聖人の恩徳《おんどく》を報謝《ほうしゃ》するということが、長い歴史のなかでつちかわれてきた真宗門徒の生活であります。

お内仏の仏具

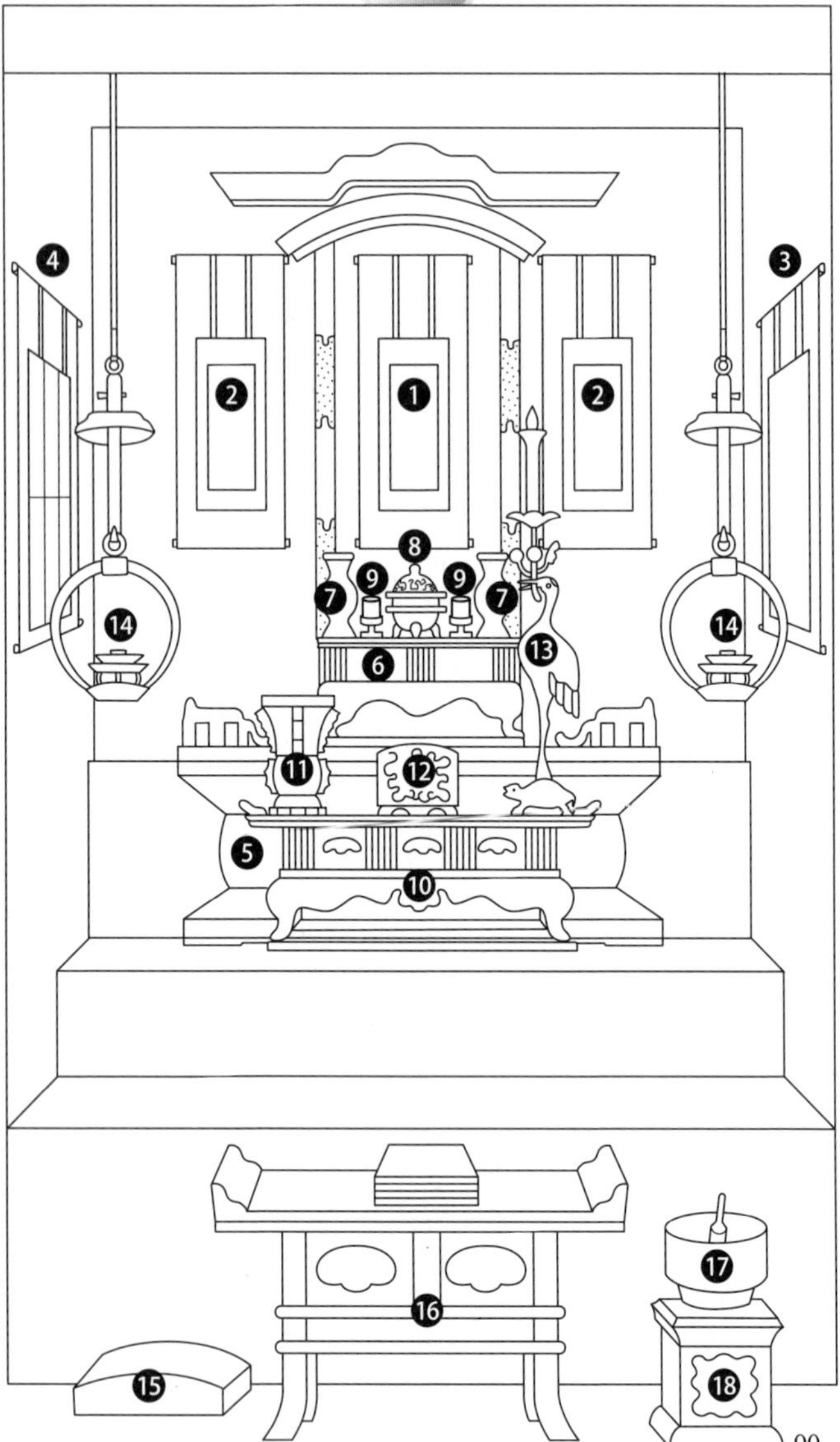

❶本《ほん》　尊《ぞん》

阿弥陀如来《あみだにょらい》（絵像または木像）

❷お脇掛《わきがけ》

右「帰命尽十方無碍光如来《きみょうじんじっぽうむげこうにょらい》」（十字名号《みょうごう》）

左「南無不可思議光如来《なむふかしぎこうにょらい》」（九字名号）

または

右「親鸞聖人《しんらんしょうにん》の御影《ごえい》」

左「蓮如上人《れんにょしょうにん》の御影」

❸法名軸《ほうみょうじく》

亡くなられた方の法名を記すための掛軸

❹合幅《がっぷく》の法名軸

複数の法名を記すための掛軸

❺須弥壇《しゅみだん》

本尊を安置する壇

❻上《うわ》　卓《じょく》

須弥壇の上に置く卓

❼華《け》　瓶《びょう》

水を備える器、樒《しきみ》などの青葉のものをさす

❽火舎香炉《かしゃごうろ》

焼香《しょうこう》に使用する金香炉

❾お仏供《ぶっく》（お仏飯《ぶっぱん》）

火舎香炉を中心に一対備える

❿前《まえ》　卓《じょく》

須弥壇の前に置く卓

⓫花《か》　瓶《ひん》

常に生花《せいか》を用い、松や檜《ひのき》などを

真《しん》（芯）にして、四季折々の花をさす器

⓬土香炉《どごうろ》

燃香《ねんこう》（線香を焚《た》く）のための

陶製《とうせい》の香炉

⓭燭台《しょくだい》（鶴亀《つるかめ》）

蝋燭を点《とも》す台。平常時は木蝋《もくろう》（朱色《しゅいろ》の

木製《もくせい》の蝋燭）を立てておく

⓮輪《りん》　灯《とう》

おつとめ時に灯明を点ずる

⓯御文箱《おふみばこ》

蓮如上人《れんにょしょうにん》の御文《おふみ》（お手紙）をおさめる箱

⓰和讃卓《わさんじょく》

お内仏の前に置き、和讃箱、

経本、勤行本をのせる卓

⓱　鈴《りん》

おつとめの時に打つもの

⓲鈴《りん》　台《だい》

鈴《りん》を置く台

※上卓の火舎香炉、前卓の花瓶、燭台（鶴亀）の三具で三具足といいます。

本尊《ほんぞん》

真宗の本尊は阿弥陀如来一仏《いちぶつ》です。尊形《そんぎょう》としては阿弥陀如来像によってあらわされ、名号《みょうごう》としては「南無阿弥陀仏《なむあみだぶつ》」によってあらわされます。「南無阿弥陀仏」は、私たちが阿弥陀如来に帰依《きえ》して生きるという意味です。私や家族または先祖を守り、願いごとをかなえてくれる仏さまとして大事にするということではなく、阿弥陀如来に帰依して生きるということこそが私たちにとって本当に尊ぶべきことなのです。「南無阿弥陀仏」を本尊とするとは、そのように生きてほしいと、阿弥陀如来から願われている私たちであると知らされていくことなのです。

阿弥陀如来の絵像

まず、尊形としての阿弥陀如来像ですが、お内仏の中央には、阿弥陀如来の絵像《えぞう》、または木像《もくぞう》が安置《あんち》されます。本山からお受けする阿弥陀如来の絵像の裏には、「方便法身尊形《ほうべんほっしんのそんぎょう》」と裏書《うらがき》されています。阿弥陀如来は、本来、姿、かたちもことばも超えた存在であり、その如来を私たち人間に知らせるため、方便として姿をあらわしてくださっているという意味です。また絵像でも木像でも必ず立っておられますが、私たちに向かって歩みだそうとするその姿も、苦悩する衆生《しゅじょう》を救おうとする大悲《だいひ》、救い取ってすてない「摂取不捨《せっしゅふしゃ》」のおこころをあらわしてくださっているのです。

次に、この姿、かたちを超えた法（道理《どうり》）こそが、名号としての「南無阿弥陀仏」であり、

親鸞《しんらん》におきては、ただ念仏《ねんぶつ》して弥陀《みだ》にたすけられまいらすべしと、よきひとのおおせをかぶ（蒙）りて、信《しん》ずるほかに別《べつ》の子細《しさい》なきなり。

（『歎異抄』真宗聖典第二版七六八頁）

【現代語訳】

親鸞においては、ただ念仏して阿弥陀如来にたすけられよという、よきひと（法然上人）の仰せをいただいて、信じるほかに別のことはありません。

と、「南無阿弥陀仏」と称えることが「念仏」として伝えられてきたのです。

お脇掛《わきがけ》

本尊の両側にお掛けする名号または御影《ごえい》のことです。名号の場合、お内仏に向かって右側に十字名号の「帰命尽十方無碍光如来《きみょうじんじっぽうむげこうにょらい》」、左側に九字名号の「南無不可思議光如来《なむふかしぎこうにょらい》」が掛けられます。いずれも阿弥陀如来の徳、はたらきをあらわします。御影の場合は、右側に「親鸞聖人」、左側に「蓮如上人」をお掛けします。

南無不可思議光如来

帰命尽十方無碍光如来

蓮如上人

親鸞聖人

法名軸《ほうみょうじく》

亡くなられた方の法名を記すための掛軸のことです。お内仏に向かって右側面にお掛けします。

合幅《がっぷく》の法名軸

複数の法名を記すための掛軸のことです。お内仏に向かって左側面にお掛けします。

火舎香炉《かしゃごうろ》

炭火を入れ、焼香します。これに沈香《じんこう》あるいは五種香（香木を削ったもの）を用います。火舎香炉を用いるのが基本ですが、代わりに角型・丸型の金香炉《きんこうろ》を用いることもできます。

火舎香炉

金香炉（左：丸型　右：角型）

鈴《りん》

おつとめのときに打つものです。それ以外には使用しません。使用しないとき、撥《ばち》は鈴の中に納めておきます。

鈴

二　平常の荘厳《しょうごん》とお給仕《きゅうじ》

平常のお給仕の留意点は以下のことがあります。

お花を備える

「花瓶《かひん》」に四季折々の木花草花《きばなくさばな》をとりまぜて挿《さ》します。花は生き生きとした状態を保つよう心がけます。造花はお備えしません。

浄水《じょうすい》

「華瓶《けびょう》」は仏の浄《きよ》らかな世界をあらわすためにお水を備えるものであって、花挿しではありません。常にきれいな水にして、樒《しきみ》などの青葉のものを挿します。コップや湯飲みで水やお茶を備えることはしません。

花瓶

華瓶

灯明《とうみょう》

おつとめのときは「輪灯《りんとう》」をつけます。輪灯の灯明《とうみょう》は油皿に植物油を注ぎ、灯芯《とうしん》を入れ点《とも》します。

蝋燭《ろうそく》

鶴亀《つるかめ》の「燭台《しょくだい》」には、木蝋《もくろう》（朱色の木製の蝋燭《ろうそく》）を立てておきます。朝夕の平常のおつとめのときは蝋燭を点《とも》しません。命日《めいにち》（月忌《がっき》）や祥月《しょうつき》命日、年忌《ねんき》法要では朱蝋（赤色の蝋燭）に替えて点灯します。

燭台（鶴亀）

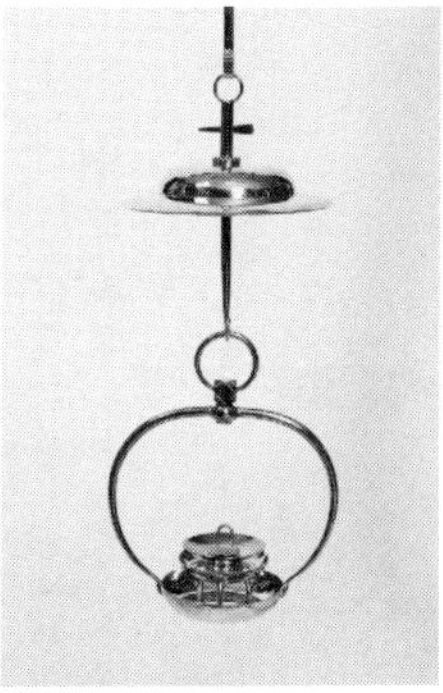

輪灯

燃香《ねんこう》

おつとめの前に「土香炉《どごうろ》」に燃香します。線香を香炉の大きさに合わせて折り、火をつけた方を左にして灰の上に横にして焚《た》きます。線香を立てることはしません。

お仏供《ぶっく》

「お仏供」は「お仏飯《ぶっぱん》」ともいわれ、ご飯を盛槽《もっそう》で形をととのえて、「仏器《ぶっき》」に盛ってお備えします。平生《へいぜい》は、朝のおつとめの後にお備えし、お昼にはおさげします。

土香炉

お仏供(お仏飯)

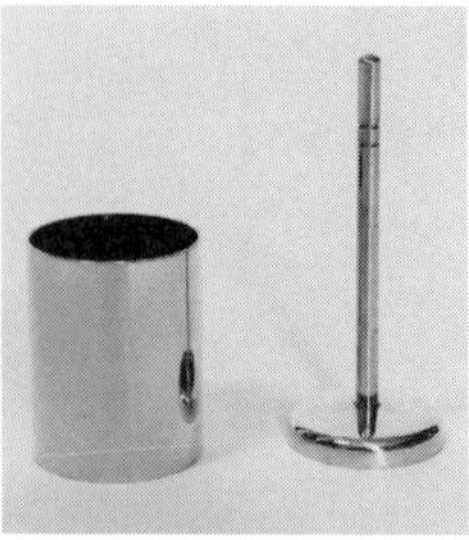

盛槽《もっそう》

お内仏の掃除の際は、ごみやほこりは毛箒《けぼうき》で軽く払い、その後、漆塗《うるし》りまたは唐木《からき》の部分は、やわらかい布で乾拭《からぶ》きします。

額装御本尊

三折御本尊

三　三折《みつおり》御《ご》本尊《ほんぞん》・額装《がくそう》御《ご》本尊《ほんぞん》

近年の住宅事情や生活様式の変化などにより、本山では小型の三折御本尊や額装御本尊を授与しています。現代型仏壇への安置や家具、棚の上にも置くことができます。家のなかに、合掌しおつとめする場をつくりましょう。

荘《しょう》厳《ごん》の仕《し》方《かた》

荘厳＼法要	平常	命《めい》日《にち》（月《がっ》忌《き》）	祥《しょう》月《つき》命日	盂《う》蘭《ら》盆《ぼん》会《え》・春・秋彼《ひ》岸《がん》会《え》・修《しゅ》正《しょう》会《え》（正月）・年《ねん》忌《き》法《ほう》要《よう》	移《い》徙《し》（おわたまし）・報《ほう》恩《おん》講《こう》
五《ご》具《ぐ》足《そく》					○
瓔《よう》珞《らく》					○
打《うち》敷《しき》※1			○	○	○
華《け》束《そく》			○	○※2	○
三《みつ》具《ぐ》足《そく》	○	○	○	○	
朱《しゅ》蝋《ろう》※3		○	○	○	○
焼《しょう》香《こう》		○	○	○	○
木《もく》蝋《ろう》	○				
燃《ねん》香《こう》	○	○	○	○	○

※1 …上卓・前卓に用います。
中陰《ちゅういん》中は、中陰用の打敷《うちしき》を用います。

※2 …修正会《しゅしょうえ》は折敷《おしき》に鏡餅《かがみもち》を備えます。

※3 …中陰中は銀、または白の蝋燭《ろうそく》です。
命日、祥月命日、修正会は白い蝋燭でも
構いません。

●中陰とは、亡くなった日から49日間をいいます。

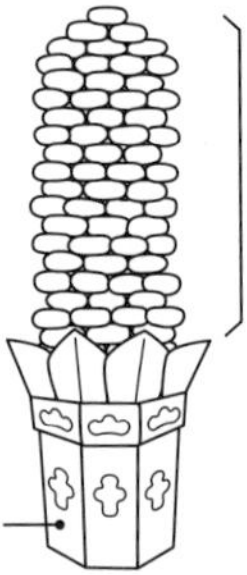

各《かく》仏《ぶつ》具《ぐ》の備《そな》え方《かた》（平常）

お仏供について

- 平常は毎朝おつとめの後にお備えし、お昼にお下げします。
- 上卓《うわじょく》に一対《いっつい》備えるのが基本（下図 左）ですが、置けない場合はご本尊の前に仏器台を置いて備えます（下図 右）。

※お脇掛が御影（親鸞聖人・蓮如上人）のときは、お脇掛の正面にも備えます。

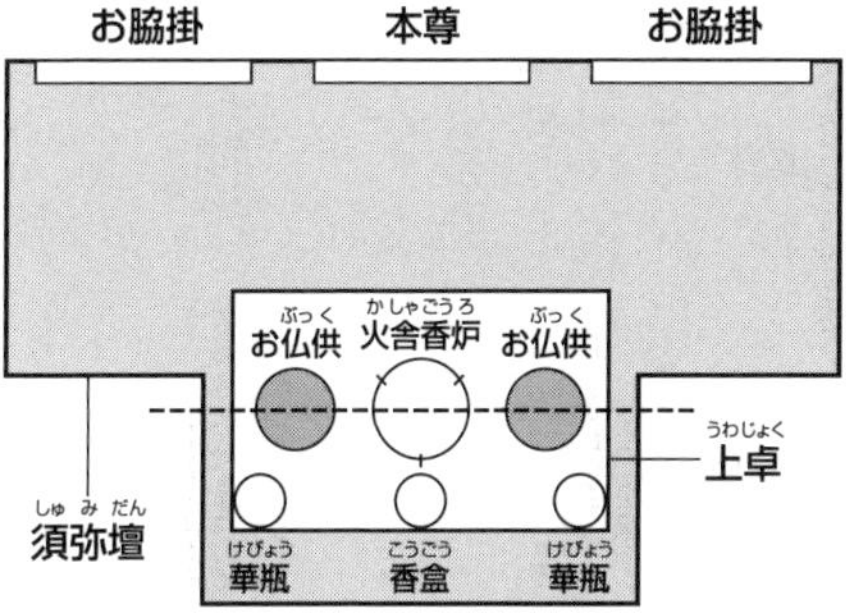

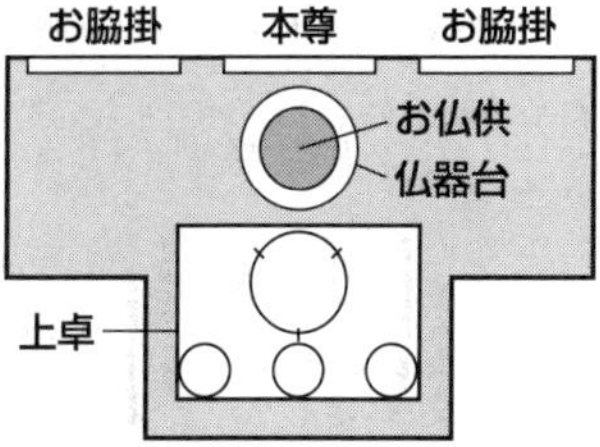

上卓にお仏供がのらない場合は、本尊の正面に仏器台を置いて備えます。

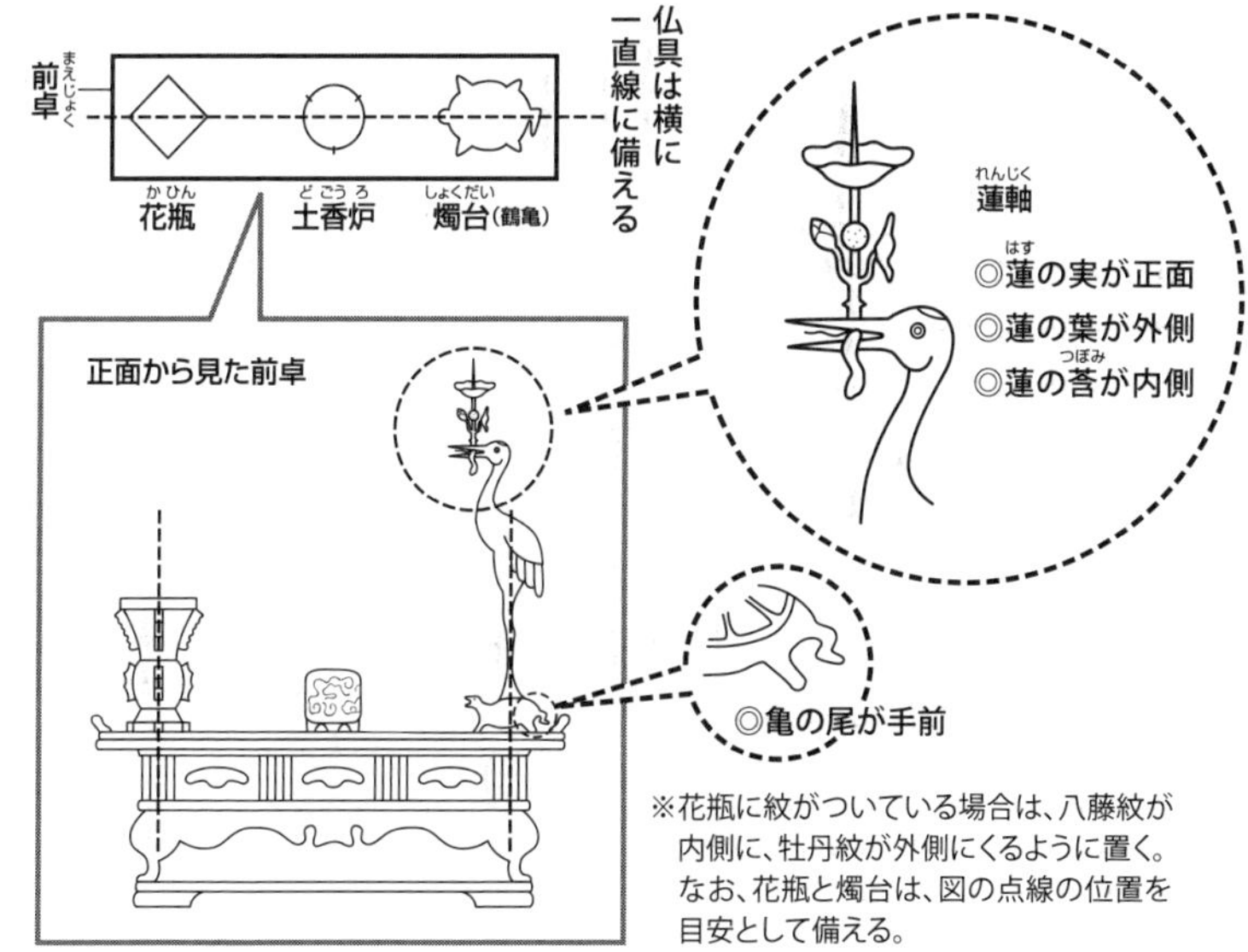

※花瓶に紋がついている場合は、八藤紋が内側に、牡丹紋が外側にくるように置く。なお、花瓶と燭台は、図の点線の位置を目安として備える。

四　平常の勤行《ごんぎょう》（おつとめ）

まず灯明を点《てん》じ線香を焚《た》き、本尊を仰《あお》ぎ合掌《がっしょう》して念仏もうし、そして合掌を解《と》き、鈴《りん》を二回打って発声します。家族でおつとめをするときは、正面に座った人（調声人《ちょうしょうにん》）の鈴の一打目で合掌を解き、おつとめをはじめます。

平常の勤行次第《しだい》例

正信偈《しょうしんげ》	（草四句目下《そうしくめさげ》）	三頁
念仏讃《ねんぶつさん》	（淘三《ゆりさん》）	三三頁
和讃《わさん》	六首引《びき》	
回《え》向《こう》	願以此功徳	四九頁
御《お》文《ふみ》		六〇頁

（頁数は『真宗大谷派勤行集』の頁です）

真宗大谷派勤行集（赤本）
（東本願寺出版部発行）

または、右の次第例の念仏讃・回向の部分を同朋奉讃《どうぼうほうさん》（同九七頁）でおつとめします。

五　報恩講《ほうおんこう》

報恩講は、親鸞聖人の祥月命日につとめられる法要のことです。祖師《そし》の御命日に仏事をつとめることは真宗独自のものではありませんが、真宗門徒にとっては一年で最も大切な報恩のまことを表す仏事です。真宗本廟では、毎年十一月二十一日から二十八日までつとめられます。家庭でも「お引上《ひきあげ》」「お取越《とりこし》」とも呼ばれて相続されてきました。

報恩講の恩とは、親鸞聖人がいただかれた念仏の教えにあい、自らが生きる依《よ》りどころを教えていただいたご恩のことです。そのご恩を報謝《ほうしゃ》し、いよいよ親鸞聖人が明らかにされた真実の教えを聞信《もんしん》し、ともに念仏もうす身となっていくことを確かめることが報恩講の大切な意味です。

第五章

宗門の歩み

はじめに

浄土真宗の歴史は、本願念仏の教えによって生きてこられた無数の人々の歴史です。その歴史のなかにあって宗門は、それぞれの時代と社会において、人々と教えとをつなぐ接点でありました。しかし、本当に本願念仏の教えを伝えているかどうか。宗門は、常に教えそのものから問われてきたと同時に、時代と社会からもその存在の意義《いぎ》を問われてきました。つまり、常に教えを伝える宗門であってほしいと願われ続けてきたのであり、その宗門の歩みを学ぶことは、長い歴史と社会をくぐって、教団《きょうだん》が真宗大谷派として在《あ》り続けている、その底に流れる願いを明らかにし、受けとめることを意味します。

今日、真宗大谷派教団は、「同朋会運動《どうぼうかいうんどう》」を進めることをいのちとしています。それは、現在を生きる人間の根源的課題を明らかにし、一人ひとりが御同《おんどう》朋《ぼう》・御同行《おんどうぎょう》として念仏に生きる願いに立ち続ける歩みこそ、教団のいのちであるということです。

　この運動を呼び起こしたものは何か、さらにそうして呼び起こされた運動が何を実現しようとしているのか、そのことをあらためて課題にして宗門の歩みに学んでいきたいと思います。

一　本願寺の成立

　親鸞聖人没後、関東の門弟《もんてい》や末娘覚信尼《すえむすめかくしんに》公らによって、東山大谷（京都府）の聖人の墳墓《ふんぼ》の地に御真影《ごしんねい》（親鸞木像）を安置する廟堂《びょうどう》が建てられました。これが「真宗本廟《しんしゅうほんびょう》」のはじまりです。覚信尼公は、後に大谷廟堂の土地を寄進《きしん》し、門弟の共有とされました。これは、聖人のお墓を末代まで相続すべく、誰かが私有化して争うことのないようにというはからいでありました。

　しかし、覚信尼公の心配は現実のものとなりました。覚信尼公の後、その子

覚信尼公御影
（東本願寺蔵）

覚恵《かくえ》が廟堂の留守をあずかっていましたが、異父弟《いふてい》である唯善《ゆいぜん》が廟堂の所有権を主張し、争うということが起こったのです。やがて青蓮院《しょうれんいん》などの裁定により、唯善の訴えは斥《しりぞ》けられましたが、唯善は廟堂に安置されていた御真影と遺骨《いこつ》を奪って逃げるという事件がありました。親鸞聖人の教えに生きるものの共有であるという廟堂存立《そんりつ》の意味が、深く問われる事件でした。

この廟堂が「本願寺」と名のるようになったのは、第三代覚如《かくにょ》上人の時代からです。覚如上人は、当初、奥州浅香《おうしゅうあさか》の門弟の提案により「専修寺《せんじゅじ》」の寺号《じごう》をかかげようとされました。しかし比叡山より、一向専修《いっこうせんじゅ》は長く停廃《ちょうはい》されているため、それをもって寺号とすることは許されない、とされたことにより取りやめたのでした。「本願寺」の寺号は、それから間もなくして、名のられたと考えられています。

初期の真宗教団は、各地の門弟集団が中心であり、それぞれに布教《ふきょう》を進めていました。そのなかにあって本願寺は、第五代綽如《しゃくにょ》上人の越中下向《えっちゅうげこう》など、北陸の布教へと進出しており、独自に布教の線を延ばしていたとされます。この北陸への布教が素地《そじ》となり、第八代蓮如《れんにょ》上人の教化によって北陸の真宗門徒は爆発的に増え、真宗王国とも称《しょう》されるようになります。

二　蓮如上人《れんにょしょうにん》と真宗再興《さいこう》

蓮如上人は、一四一五（応永《おうえい》二十二）年に誕生されました。父である第七代存如《ぞんにょ》上人を支え、その死後、跡を継いで、一四五七（長禄元）年、四十三歳で大谷本願寺御影堂留守職《るすしき》となられました。

蓮如上人が生きられた時代は、京都周辺では一揆《いっき》が繰り返され、毎年のように飢饉《ききん》による餓死者が京都の町にあふれていました。

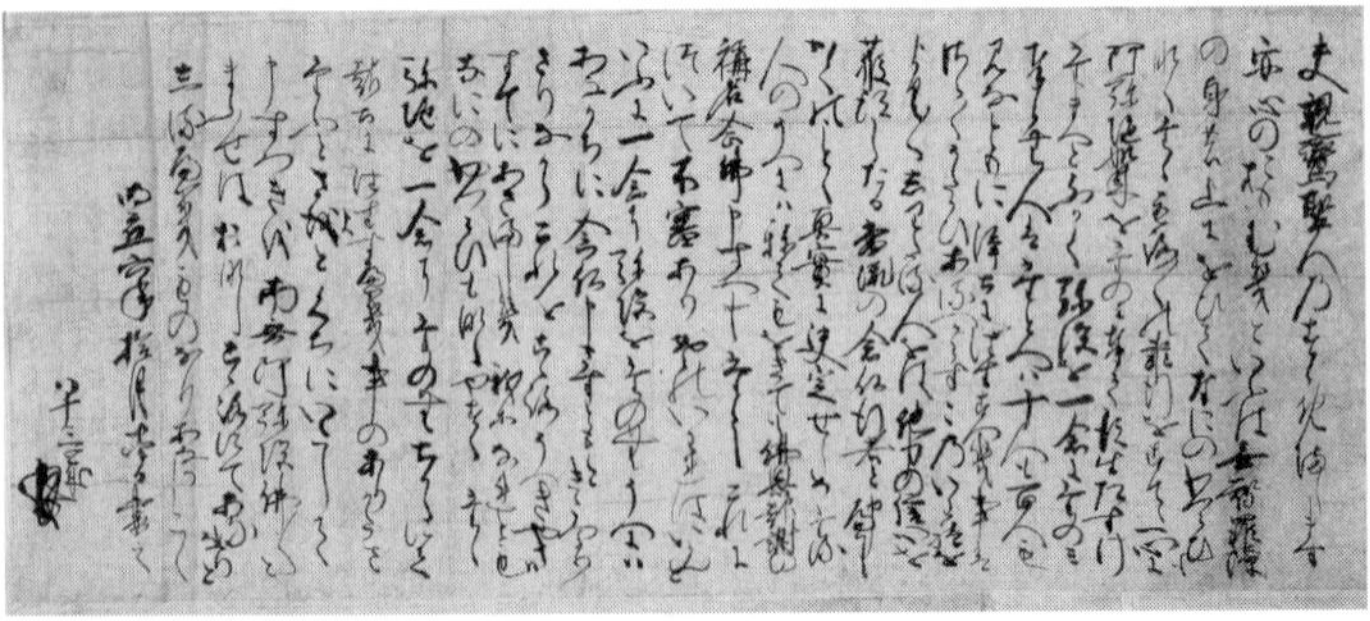

『御文』（東本願寺蔵）

そのような時代のなかで、蓮如上人が願われたのが、どのような状況においても教えのもとに生きることのできる、「真宗の仏道《ぶつどう》に立つ人《にん》の誕生」でした。

一宗《いっしゅう》の繁昌《はんじょう》と申《もう》すは、人《ひと》の多《おお》くあつまり、威《い》の大《おお》きなる事《こと》にてはなく候《そうろ》う。一人《いちにん》なりとも、人《ひと》の、信《しん》を取《と》るが、一宗《いっしゅう》の繁昌《はんじょう》に候《そうろ》う。
（『蓮如上人御一代《れんにょしょうにんごいちだい》記《き》聞書《ききがき》』真宗聖典第二版一〇五〇頁）

ということばからも、蓮如上人が、門徒数の増加が宗門の繁昌ではなく、一人ひとりの信心《しんじん》の獲得《ぎゃくとく》こそが、宗門としての「繁昌」であると考えられていたことがうかがえます。

　蓮如上人は、「戦乱の世にさまよう人々に、親鸞聖人の教えを生活の場で日々いただいていってほしい」という願いのもと、人々が身近に教えをいただけるような独自の教化を進められました。

　まず、存如上人の頃からの「正信偈《しょうしんげ》」や『三帖和讃《さんじょうわさん》』を用いての教化に加え、『御文《おふみ》』を書かれて、親鸞聖人の教えを簡略で明解に説かれました。

　また、一人ひとりが本尊を仰《あお》ぐことができるよう、名号《みょうごう》を数多く書かれ、自らも民衆と同座《どうざ》（平座《ひらざ》）して語り合い、仏法《ぶっぽう》の寄り合い談合《だんごう》を勧められました。日々のおつとめに「正信偈」『和讃』を用いられるようになり、報恩講が広くつとめられるようになったのもこのころと伝えられています。

蓮如上人御影
（東本願寺蔵）

　信心とは、三帰依《さんきえ》（帰依仏《ぶつ》・帰依法《ほう》・帰依僧《そう》）と言われるように僧伽《さんが》（仏法に開かれる集まり）を見出し、帰依する心です。この「同朋《どうぼう》」

精神の回復こそ蓮如上人の真宗再興《さいこう》の立脚点だったのです。

しかし、蓮如上人の教化のもと、大きく発展した教団は、他宗の反発を招きました。一四六五（寛正《かんしょう》六）年、比叡山の衆徒《しゅと》によって東山大谷の本願寺は壊滅し、以後各地を転々とされます。蓮如上人は、吉崎《よしざき》（福井県）に移られた後、山科《やましな》（京都府）に本願寺を再建されます。晩年には、摂津大坂《おおざか》（大阪府）の地に坊舎を建てて住まわれました。この大坂の坊舎《ぼうしゃ》が後に大坂本願寺（石山本願寺）になります。

三　一向一揆《いっこういっき》と東西分派

蓮如上人が吉崎滞在中、一四七四（文明六）年に文明《ぶんめい》の一向一揆と呼ばれる大規模な一揆が起こり、越前（福井県）・加賀（石川県）の状況は一変しました。以後、一揆は、織田信長との戦いに一揆勢が敗れるまでのほぼ百年の間続きました。とりわけ、加賀一国は一揆勢が守護大名を打ち倒し、「百姓の持ちたる国のようになり行き候《そうろう》」（『実悟記拾遺《じつごきしゅうい》』）といわれるほどでありました。しかし、その一方で、先の一揆において、わずか三カ月の戦いで二千人もの門徒が亡くなられたことが記録されているように、この一向一揆の百年は、多くの人々の命が失われた百年であったといえます。

第九代実如《じつにょ》上人のころには、本願寺の教線《きょうせん》はほぼ全国に広がりました。一五三二（天文《てんもん》元）年、法華宗徒《ほっけしゅうと》らに山科本願寺《やましなほんがんじ》が焼かれましたが、その後は大坂坊舎が本願寺となり、寺内町も含めて大いに繁栄《はんえい》しました。本願寺は、全国各地の門徒の信仰の中心であり、経済的にも、また一揆勢など武力的にも、大きな力を持っていました。そのため、当時、全国統一をねらう織田信長との戦いにまでなり、それは約十年にも及びました（石山合戦）。この間、伊勢《いせ》（三重県）の長島一向一揆では二万人以上の老若男女《ろうにゃくなんにょ》が犠牲になるなど、一揆勢は次第に敗れていき、一五八〇（天正《てんしょう》八）年、ついに信長との間に和議《わぎ》が成立し、第十一代顕如《けんにょ》上人をはじめ、おもだった人々は、紀州（和歌山県）の鷺森《さぎのもり》の坊舎へ移ったのでした。

しかし、このとき、顕如上人の子・教如《きょうにょ》上人は、徹底抗戦を主張して本願寺に籠城《ろうじょう》されました。仏法を汚し、多くの人々を殺した信長への不信感は、教如上人や門徒の間に根強くあり、和議を結ぶことを拒否したのでした。やがて教如上人も本願寺を退かれますが、このときの意見の対立によって、教如上人は顕如上人から義絶《ぎぜつ》され、各地を流浪《るろう》されます。

教如上人御影
（五村別院蔵）

信長の死後、顕如上人と教如上人は和解されました。その後、本願寺は和泉《いずみ》貝塚（大阪府）へ移転し、次に豊臣秀吉から摂津天満《せっつてんま》の地（大阪府）、続いて京都堀川《ほりかわ》六条の地（現在の西本願寺）を与えられ、再び京都に本願寺が再建されたのでした。

本願寺が京都に戻った翌年の一五九二（文禄《ぶんろく》元）年、顕如上人が亡くなられました。一度は長男であった教如上人が本願寺を継承されましたが、翌一五九三（文禄二）年、母の如春尼《にょしゅんに》が、三男准如《じゅんにょ》上人への継承を秀吉に訴え許されたことから、教如上人は隠居《いんきょ》することとなりました。そしてその十年後、教如上人は徳川家康から烏丸《からすま》六条の土地を与えられ、新しく本願寺を創立しました。これが現在の東本願寺です。

江戸開幕の前年にあたる一六〇二（慶長《けいちょう》七）年のことで、このときから本願寺は、東本願寺と西本願寺に分かれ今日に及《およ》んでいます。この東西分派の背景には、石山合戦以来続いていた、信長との和議を巡る本願寺内や門徒たちの対立があったと考えられています。

四　近世の東本願寺

東本願寺創立以後、教如上人は、教団の組織や教化の体制確立に尽力されました。なかでも各地に建立された御坊《ごぼう》（現在の別院）は、各地域の寺院・門徒に直結する本山の機関であり、教化活動の拠点として機能しました。

江戸時代に御坊は約四十カ寺あり、その半数ほどは教如上人が開基と伝えられています。教如上人の子である第十三代宣如《せんにょ》上人の時代には、徳川家光より現在の渉成園《しょうせいえん》（枳殻邸《きこくてい》）の地が寄進され、第十四代琢如《たくにょ》上人の時代には、大谷御坊（現在の大谷祖廟《おおたにそびょう》）が建立されています。

また、近世の東本願寺は、幕藩体制のもと江戸幕府・諸藩の統制下におかれていました。そのなかで、教団は、浄土真宗の社会的地位の確立と教化推進を目指し、現在に伝わる組織、聖教《しょうぎょう》や儀式作法の制定、高倉学寮《たかくらがくりょう》を中心とした教学が形作られていきました。

近世初期、幕府がキリシタン禁制のために「宗門改《しゅうもんあらため》」などの政策を行うと、東西本願寺はこれに応じて道場の寺院化とその組織化（本末《ほんまつ》制度・寺請檀家《てらうけだんか》制度）を進めました。幕府の宗教政策は厳しく、仏教各派が寺社奉行によって布教の自由を制限されました。しかし、そのなかでも真宗寺院・僧侶は民衆への教化活動を進め、各地で教線を拡大しました。

こうして生まれた多くの門徒民衆が結集し、近世後期の四度にわたる両堂焼失からの復興に尽力した達如《たつにょ》上人・厳如《ごんにょ》上人を支え、やがて近代を迎えました。

五　両堂再建《りょうどうさいこん》

一八六四（元治《げんじ》元）年、禁門《きんもん》の変（蛤御門《はまぐりごもん》の戦い）が起こり、長州《ちょうしゅう》軍と幕府軍との戦火によって両堂を焼失しました。一七八八（天明《てんめい》八）年、一八二三（文政《ぶんせい》六）年、一八五八（安政《あんせい》五）年に続く、四度目の両堂焼失でした。明治維新《いしん》後の宗門は、新しい時代に対応しつつ、両堂の再建を進めなければならなかったのです。しかし、幕末から維新の動乱の時代、新政府への莫大《ばくだい》な献金や北海道開拓による財政難、仏教側への厳しい宗教政策など、非常に困難な状況のなかで、宗門は新たな時代への対応に追われました。

新政府は、天皇を中心とする新しい中央集権体制を目指し、神仏分離《しんぶつぶんり》政策など、神道《しんとう》を中心とする宗教政策をとりました。それによって廃仏毀釈《はいぶつきしゃく》が起こるなど、特に明治の最初は仏教教団にとって厳しい時代でした。その後、政府は方針を転換して、仏教教団も新国家建設に動員するようになります。一八七二（明治五）年には「三条《さんじょう》の教則《きょうそく》」（敬神愛国《けいしんあいこく》、天理人道《てんりじんどう》の明示《めいじ》、皇上奉戴《こうじょうほうたい》と朝旨遵守《ちょうしじゅんしゅ》）を定め、神仏合同の布教機関大教院を設けて、仏教教団も動員して、国民に対する神道教化を展開しました。しかし、独自の布教が許されないことに反発した真宗教団は、真宗の教えを説くことができるよう要求し、「信教の自由」が認められたのは、一八七五（明治八）年のことでした。ここにようやく真宗の教えを説くことが許されたのでした。

寛政度用材運搬図屏風《かんせいどようざいうんぱんずびょうぶ》（東本願寺蔵）

現在の御影堂《ごえいどう》・阿弥陀堂《あみだどう》が再建されたのは、このような維新後の時代でありました。一八七六（明治九）年、「見真《けんしん》」の大師号《だいしごう》が宣下《せんげ》され、一八七九（明治十二）年には「見真」の勅額《ちょくがく》が下賜《かし》されました。このことを契機に、両堂再建の「発示」が出され、再建事業がはじまったのでした。工事が着手されたのは一八八〇（明治十三）年で、一八九五（明治二十八）年に両堂の遷仏遷座式《せんぶつせんざしき》がおこなわれるという、十数年間に及ぶ大事業でした。

1895（明治28）年遷座供養会庭儀《せんざくようえていぎ》

再建事業には、多くの門徒が奉仕にかけつけ成し遂げられてきました。現在、真宗本廟付近にある詰所《つめしょ》は、その門徒の宿泊所が起源であり、総会所は、作業の打ち合わせと奉仕上山された門徒の聞法のために開設された道場です。

また、この再建事業は、同時に大変な借財をもたらしました。再建成就・負債償却《しょうきゃく》のためのさまざまな努力がされるなかで、一八八五（明治十八）年、法義相続・本廟護持を目的に、宗門運営の財政基盤を確立するため、「相続講《そうぞくこう》」が生まれ、この制度は現在にまでいたっています。

六　宗門革新への胎動

両堂再建、そして負債償却という二大事業の一方で、宗門には全国の寺院と門徒の疲弊、教学の不振という問題がありました。宗門のこの実情を憂《うれ》いた人々によって、両堂完成の翌年、一八九六（明治二十九）年に「白川党宗門改革運動」が起こされました。その中心となったのが、清沢満之《きよざわまんし》です。武家の出身でしたが、宗派が設立した「育英教校《いくえいきょうこう》」を卒業後、東京帝国大学に進み、後に真宗大学（大谷大学の前身）の学監《がっかん》（現在の学長にあたる）を務め、近代教学の祖と仰がれています。

清沢らは、宗門本来の社会的使命を十分に果たすために、「同朋」の精神に立つ生き生きとした教団とならなければならない、そのためにも教えをいのちとする教団にならなければならないとして、教学を中心とする教団体制への改革を訴え、住職の宗政への主体的参加のために教団における議会制を要求しました。これにより、一八九七（明治三十）年に、議制局という名で議会が開設されました。しかし、清沢らの宗門改革運動は、当初の願いが十分に果たされることなく、わずか一年で断念せざるをえませんでした。いずれにしても、宗門の議会制度はこのときから始まったのです。

一方、清沢らの運動をとおして、真宗を明らかにすべき真の仏者の養成が急務であることが、宗政当事者にも強く認識されるところとなり、一九〇一（明治三十四）年に、東京巣鴨に「真宗大学」を京都から移転開校し、清沢満之が初代学監となりました。

この大学の開設と同時に、「浩々洞《こうこうどう》」において清沢満之を中心とする共同生

（右）暁烏　敏
（中央）多田　鼎
（左）佐々木月樵
（大谷大学蔵）

金子大榮

活が営まれました。その主な人々は、暁烏敏《あけがらすはや》、佐々木月樵《ささきげっしょう》、多田鼎《ただかなえ》らであり、後に曽我量深《そがりょうじん》、金子大榮《かねこだいえい》も加わりました。

やがてこの浩々洞から、難しい仏教用語を使わないで、仏教の精神を伝えたいという願いから、雑誌『精神界』が発刊され、さらに清沢満之の求道精神に導かれた者たちがつどって、日曜講話や信仰についての対話が活発になされるなど、当時の既成《きせい》仏教の説くところに飽《あ》き足らなかった若い求道者や学生たちに大きな反響を呼んだのでした。

さらに浩々洞の同人たちの業績として、真宗のいのちを問い直す歎異《たんに》の書として、『歎異抄』を大切にし、その精神をあらためて世に訴えたことがあります。宗祖滅後、門弟唯円《ゆいえん》によって記された『歎異抄』は、「先師《せんし》（親鸞聖人）

の口伝《くでん》の真信《しんしん》に異《こと》なることを歎《なげ》き」（真宗聖典第二版七六七頁）記された書ですが、この歎異の精神をあらためて近代という時代に受けとめたことが、後の同朋会運動へとつながっていくのです。

七　全国水平社《ぜんこくすいへいしゃ》創立

一九二二（大正十一）年、全国水平社が創立されました。「水平社宣言」に「吾等《われら》の中《うち》より人間を尊敬する事によって自ら解放せん」と述べてあるように、自主的・主体的な部落解放運動の最初の全国的な組織です。創立と同時に、東西両本願寺に対して募財《ぼざい》拒否の「決議通告」がなされ、そのことを通じて本願寺教団の差別体質が明らかにされました。

全国水平社創立の前年、一九二一（大正十）年、宗門に社会課が設置され、武内了温《たけうちりょうおん》を中心とする部落差別問題の取り組みが始まります。「静かに己《おの》れを悲しむこころより真実の力は生《うまれ》る」と武内がいったように、具体的には自身の身を置く宗門の差別体質の改革と差別者としての自己解放を意味するものでありました。

武内了温

しかし、この部落差別問題への取り組みが、宗門全体の課題としてとらえられていかなかったという宗門の体質は、後々一九六七（昭和四十二）年の難波《なんば》別院輪番《べついんりんばん》差別事件、一九七〇（昭和四十五）年の『中道《ちゅうどう》』誌差別事件等の差別事件を通じて問われていくことになります。

八　同朋会運動の発足

一九四九（昭和二十四）年、戦後の混乱した時代のなかで、蓮如上人四百五十回御遠忌《ごえんき》法要がつとめられました。その時の借財《しゃくざい》を背負い、かつ十年後の宗祖七百回御遠忌のお待ち受けに向けて、清沢満之の弟子である暁烏敏が一九五一（昭和二十六）年に宗務総長《しゅうむそうちょう》に就任しました。暁烏は「念仏総長」といわれ、念仏に生きる歩み、つまり同朋としての生活を確立するため「同朋生活運動」をスタートさせ、本廟の清掃奉仕を全国に呼びかけました。

宗祖親鸞聖人七百回御遠忌法要

さらに、一九五六（昭和三十一）年、宮谷法含《みやたにほうがん》が宗務総長に就任し、「宗門各位に告ぐ」（宗門白書《しゅうもんはくしょ》）が発表されました。一九六一（昭和三十六）年の御遠忌を目前に控え、宗門がいかなる方向に進むべきかを明示《めいじ》したこの白書では、当時の教団の混《こん》迷《めい》がどこにあるのかについて、「仏《ぶっ》道《どう》を求める真剣さを失い、如来《にょらい》の教法《きょうほう》を自他《じた》に明らかにする本務に、あまりにも怠慢《たいまん》である」と懺悔《さんげ》にもとづくきびしい自己批判がなされました。

特に教学の問題について、同朋教団として、「世界人類の安心《あんじん》を求めんと期《き》する所の源泉」となる、そういう宗門を回復するという清沢満之の志願が憶《おも》い起こされています。宗門に帰し、宗門を生きる、そういう運動がここにはじまることになったのです。そして、宗祖親鸞聖人七百回御遠忌法要を契機として同朋会運動は発足しました。

一九六二（昭和三十七）年、同朋会運動の発足にあたって、当時の訓覇《くるべ》信雄《しんゆう》宗務総長は、第七十回定期宗議会において「同朋会の形成促進」を表明し、同朋会の発足《ほっそく》の歴史的必然性並びに思想的根拠《しそうてきこんきょ》と、その使命と構想について、

一　同朋会の生まれなければならない必然性

二　教法社会の確立

三　教団内部構造からの必然性

という三点の課題をとりあげて、同朋教団形成の方向について明らかにしました。その要点は、第一に、同朋会運動の生まれなければならない必然性を問い、「近代ヨーロッパが果《はた》し得なかった真の人間の自覚を明らかにし、現代の人類の課題にこたえるべき使命を荷うておる仏教の、その使命を果すべき「場」が仏教の教団であります」と教団の使命を確かめました。そして「個人の自覚に立つ民主主義の確立とはいいながら、その個人の自覚は、遂に自我意

識のエゴイズム」を超えることができないものであり、「人間を最も純粋に、かつ根源的に解放する道が仏法《ぶっぽう》であります」と運動の意義を確かめています。つまり、運動は歴史が展開するなかで、なお解決しえぬ人類の深い要請によるものであることを述べているのです。

第二に、人類に真の共同体を成り立たせる原形こそ信仰共同体《しんこうきょうどうたい》、すなわち教法社会の確立であり、現実社会の原理であると述べて、真宗同朋会の発足は、かかる時代の要請に応えうる教団を確立するための第一歩にほかならないと示しています。

第三に、教団の内部構造からの必然性について、「われわれの教団は従来、ご承知のように農村を基盤とした、所謂《いわゆる》「家の宗教」の形をとってきたのでありますが、近代工業化の急速なる進展」、さらには「戦前の家族制度の法律的廃止から「家」は、最早崩壊の危機に立っておる」と、その「家」を基盤とした寺との結びつきも必然的に変化せざるをえないことを指摘しています。そして、後にスローガンとなった「家の宗教から個の自覚の宗教へ」ということが内容として語られ、すべての宗門人がともに本来の姿にかえるときがきたと述べられています。

つまり、真宗大谷派なる宗門が推進する同朋会運動は、どこまでも宗門のおかれた現実に立ちながら、時代と社会の深い要請に応えんとする純粋な信仰運動を推進するものであり、もって「人類に捧げる教団」たらんとの趣旨を表明し、このような基本的な方向を明らかにして歩み始めたのです。

九　新宗憲《しんしゅうけん》の成立

しかし、一九六九（昭和四十四）年、難波別院輪番《なんばべついんりんばん》差別事件を契機として部落差別の問題、また、「靖国神社法案」の国会提出による靖国神社国家護持問題が、それぞれ宗門の取り組むべき課題として明らかにされようとした矢先、管長職譲渡《かんちょうしょくじょうと》の「開申《かいしん》」事件に端《たん》を発する、いわゆる教団問題が起こり、いよい

同朋会運動十五周年全国大会

よ教団の現実の姿が露呈《ろてい》し、教団そのものの存在意義が問われてきました。そして、文字どおり「宗門の危機」といわれるなかで、一人ひとりの生き方が問われたのです。

　こうした現状を宗門の危機と受けとめたところから、一九七七（昭和五十二）年の同朋会運動十五周年全国大会では、「我らは何を最後の依りどころとするのか――現代社会に真宗門徒の証しを立てよう――」というテーマのもとに、①古い宗門体質の克服、②現代社会との接点をもつ、③真宗門徒としての自覚と実践、の三点を基本課題として確認してきました。

　そうして、この苦渋《くじゅう》に満ちた教団問題をとおして、そのなかから全国の真宗門徒の願いにより、一九八一（昭和五十六）年「新宗憲」が成立しました。これにもとづき、翌年門徒の宗政参加を具体化する参議会が発足し、それに伴い、教区門徒会《きょうくもんとかい》、組《そ》門徒会が全国に整備されました。そして、組門徒会が真宗門徒の自覚にもとづき、現代を生きる態度の確立をはかるため、「組門徒会総合研修計画」が策定《さくてい》され、ともに「同朋社会の顕現《けんげん》」に向けて歩み出したのです。

一九八八（昭和六十三）年に開設した「推進員養成講座《すいしんいんようせいこうざ》」は、同朋会運動の基幹施策《きかんせさく》として、今日も各教区で展開されています。そうしたなかから、本廟奉仕《ほんびょうほうし》、帰敬式実践運動《ききょうしきじっせんうんどう》のひろがりが求められています。

そして、忘れてはならないことは、一九八七（昭和六十二）年、「全戦没者追弔法会《ついちょうほうえ》」にあたって、宗門としてはじめて戦争責任を表明し、不戦の誓いをあらたにしたことです。かえりみれば、戦時中に私たちの宗門は、明治以来繰り返されてきた戦争を「聖戦《せいせん》」と称し、アジアの国々への侵略と植民地化を国の繁栄と発展のための正しい政策であるとして、積極的に日本の帝国主義の一《いち》翼《よく》を担い、多くの真宗門徒を戦場に送り出すという罪業《ざいごう》を重ねてきました。今日宗門の将来を誤りなく展望するためにも、それらの「宗門近代史の検証」に取り組んでおり、その検証によって見出される問題は、今後宗門が現代社会のさまざまな問題にどう応えていくのか、その実践課題として重要な意味をもつことになります。

一九九五（平成七）年六月、戦後五十年の宗門の歩みを振り返るなかで、「宗門の戦争責任に深く思いをいたし、心あらたに非戦・平和の決意を宗門内外に強く訴える」べく、宗議会、参議会において「不戦決議」が可決されました。

真宗大谷派「不戦決議」

私たちは過去において、大日本帝国の名の下《もと》に、世界の人々、とりわけアジア諸国の人たちに、言語に絶する惨禍《さんか》をもたらし、佛法《ぶっぽう》の名を借りて、将来ある青年たちを死地に赴《おもむ》かしめ、言いしれぬ苦難を強《し》いたことを、深く懺悔《さんげ》するものであります。

この懺悔の思念を旨《むね》として、私たちは、人間のいのちを軽んじ、他を抹殺《まっさつ》して愧《は》じることのない、すべての戦闘行為を否定し、さらに賜った信心の智慧をもって、宗門が犯した罪責を検証し、これらの惨事《さんじ》を未然に防止する努力を惜《お》しまないことを決意して、ここに「不戦の誓い」を表明するものであります。

さらに私たちは、かつて安穏《あんのん》なる世を願い、四海同朋《しかいどうぼう》への慈《いつく》しみを説いたために、非国民とされ、宗門からさえ見捨てられた人々に対し、心からなる許しを乞《こ》うとともに、今日世界各地において不戦平和への願いに促《うなが》されて、その実現に身を捧げておられるあらゆる心ある人々に、深甚の敬意を表するものであります。

私たちは、民族・言語・文化・宗教の相違を越えて、戦争を許さない、豊かで平和な国際社会の建設にむけて、すべての人々と歩みをともにすることを誓うものであります。

右、決議いたします。

一九九五年六月十三日　真宗大谷派　宗議会議員一同
一九九五年六月十五日　真宗大谷派　参議会議員一同

また、一九九四（平成六）年、宗務審議会《しゅうむしんぎかい》「女性の宗門活動に関する委員会」が設けられ、一九九六（平成八）年一月、女性と男性が平等に生きられる真の共同体を願ってその答申が提出されました。それを受けて同年十二月、仏教教団では初めて、男女共同参画推進に取り組む女性室が設置されました。

十　新宗憲成立後の歩み

一九九六（平成八）年、「新宗憲」のもと、第二十五代大谷暢顯《ちょうけん》門首が就任されました。就任にあたり「親鸞聖人の門徒として生きる」と述べられています。私たち一人ひとりも同朋会運動の初心に帰って、このことの意味をどのように内実化していくのかが問われています。

これまでの長い宗門の歩みのなかで、私たちは「御同朋・御同行」と言い交《か》わしてまいりました。しかしこのことは、単に皆が集まって同朋同行となるということではなく、それはどこまでも宗祖によって「御同朋・御同行」と呼びかけられる世界を明らかにし、その世界に、私たち一人ひとりが立ち帰っていくことにほかなりません。そして、真宗の教えに生きるということは、現代という歴史的社会的に限定された「いま」と「ここ」をいかなる人間として生きていくのかという、きわめて主体的な問いを学ぶことです。

一九九八（平成十）年四月の蓮如上人五百回御遠忌法要は、同朋会運動始まって以来初めての御遠忌でした。そして、御遠忌テーマとして「バラバラでいっしょ―差異《ちがい》をみとめる世界の発見―」というメッセージを発信しました。

そして二〇一一（平成二十三）年の宗祖親鸞聖人七百五十回御遠忌法要厳修に向けて歩み出した宗門は、御遠忌を迎えるにあたっての課題を、あらためて、「同朋会運動の願いに立って、あらゆる人々を同朋として見いだし、他者と共に生きる同朋の生活を明らかにする」ことと確かめ、真宗本廟両堂等御修《ごしゅう》復《ふく》事業を御遠忌の記念事業として取り組むことを明らかにしました。そして、

宗祖親鸞聖人七百五十回御遠忌法要

あらためて「私ども一人ひとりが、どういう姿で宗祖の御遠忌を迎えるのか」、また「私にとって真宗本廟とは」という問いに立ち、「宗祖としての親鸞聖人に遇《あ》う」ことを御遠忌の基本理念とし、また、御遠忌テーマを「今、いのちがあなたを生きている」と掲げました。「一人ひとりのいのちは、個人的なものではなく、ともなる世界を生きあってほしい」と仏によって願われているいのちであり、この仏の願いに応えて、同朋としての人生をわれも人もともに生きようではないかという「願生浄土《がんしょうじょうど》」の

仏道の願いがこのメッセージに込められています。

御遠忌を一週間後に控えた二〇一一（平成二十三）年三月十一日、「東日本大震災」が発生し、大規模な津波被害や東京電力福島第一原子力発電所の甚大《じんだい》な事故を引き起こしました。これにより宗派は、第一期法要を中止し、その期間、被災された方々に思いを馳《は》せ、悲しみをともにする法会《ほうえ》として宗祖親鸞聖人七百五十回御遠忌東北地方太平洋沖地震災害「被災者支援のつどい」を開催し、第二期・第三期法要は、その願いを引き継ぎ、法要次第を編成し直し厳修《ごんしゅう》しました。被災者支援の姿勢が大切な課題となった御遠忌法要でありました。

また、この東日本大震災からは、原発の問題を含めて多くの課題があらわになりました。今後この復興や再生のあり方が、これからの私たちの社会のありようを決めていくことを深く心にとどめていかなければなりません。

そして御遠忌の翌年、二〇一二（平成二十四）年、同朋会運動は、五十周年を迎えました。この節目にあたって確認されてきたのは、あらためて同朋会運動の志願、その根源に立ちかえらなければならないということでありました。

それは単に五十年前の取り組みを模倣《もほう》することではなく、この現代において、自らの生活の事実に立って願いを確かめ続けることであり、常に真宗の教法を依りどころとし、御同朋・御同行の世界を一人ひとりが受け取り直す学びが必要であるということです。そこに五十年を経た同朋会運動のこれからの展開があります。

十一　宗祖親鸞聖人御誕生八百五十年・立教開宗《りっきょうかいしゅう》八百年慶讃《きょうさん》法要の厳修

宗祖親鸞聖人七百五十回御遠忌特別記念事業として、十二年の歳月をかけた真宗本廟御影堂・阿弥陀堂・御影堂門の御修復工事を終えたことを受け、二〇一六（平成二十八）年には「真宗本廟両堂等御修復完了奉告《ほうこく》法要」が厳修されました。本法要は「信心の生活を回復する御仏事」として取り組んできた御修復の精神を継承していく、また、二〇二三（令和五）年にお迎えする「宗祖親鸞聖人御誕生八百五十年・立教開宗八百年慶讃法要」の起点と位置づけられました。二〇一九（平成三十一）年には慶讃法要の厳修に向け慶讃事業本部を宗務所に設置、教区には教区慶讃事業事務局が置かれました。宗祖の御誕生と立教開宗の意味をたずねていく、その縁《よすが》として発表された慶讃テーマ「南無阿弥陀仏 人と生まれたことの意味をたずねていこう」とともに、「1、宗門の基盤づくり―新たな教化体制の構築―」、「2、本願念仏に生きる「人の誕生」と「場の創造」」「3、あらゆる人びとに向けた「真宗の教え」の発信」を基本方針とした、5つの重点教化施策（「青少幼年教化」、「教師養成」「寺院活性化」、「真宗の仏事の回復」、「本廟奉仕上山促進」）を中心とする慶讃事業総計画が打ち立てられました。

しかし慶讃事業が始動した矢先、二〇二〇（令和二）年より、新型コロナウイルスが世界中で猛威を振るい、さまざまな活動が制限され、一人ひとりの生活をはじめ、社会全体に甚大な影響を与えました。全国の寺院・教会においても、諸行事・教化事業・法務が中止、延期を余儀なくされたのです。その後、感染拡大を防ぎつつ、経済活動を回復させる「ウィズコロナ政策」とともに、宗派においてもオンラインによる教化活動など創意工夫をもった取り組みが進められました。

二〇二〇（令和二）年七月には、第二十六代大谷暢裕《ちょうゆう》門首が就任されました。就任にあたって、大谷暢裕門首は「同朋社会の実現に身命を賭してまいる」と慶讃法要を迎える決意を述べられました。二〇二一（令和三）年四月に真宗本廟でのお待ち受け大会、二〇二二（令和四）年から教区のお待ち受け大会が順次行われ、門首・新門や内局らが出向し、多くの真宗門徒とともに法要を迎える意味を確かめました。

「宗祖親鸞聖人御誕生八百五十年・立教開宗八百年慶讃法要」は、二〇二三（令和五）年三月から四月にかけて第一期、第二期法要が勤まり、五月上旬には「子どものつどい in 東本願寺」が開催されました。

他者と共に生きるということがあらためて問われる時代にあって、宗祖の立教開宗の精神《おこころ》にふれ、凡夫の道として開かれた往生浄土の道を私たち一人ひとりの人生の中に興していくことが願われるとともに、その願いを次の世代に手渡し、共に歩んでいくことがこの法要で確かめられたのです。

十二　宗務改革の推進

同朋会運動の発足から六十年の歩みを経た今、人口減少や過疎等、激変する社会状況にあっても次世代に教えを受け渡していく宗門の使命を果たすべく、宗門は兼ねてより取り組まなければならない課題である、宗務改革に取り組んでいます。新型コロナウイルスの感染拡大により、ますます喫緊《きっきん》の課題となった宗務改革は、教区・組の改編、門徒戸数調査、行財政改革を主として進められており、二〇二〇（令和二）年七月一日には岐阜高山教区、九州教区が発足したことを端緒とし、全国三十教区を十七教区へと改編する試案を基に教区（及び組）の改編が先行して進められています。

宗務改革の推進は、私たち一人ひとりが何を大切にし、何のために宗門が存立するのかという改革の出発点を確かめることが重要です。教えが私たちにまで継承されてきたこれまでの歩みをふまえ、この状況をどのように転換し持続させていくことができるのかという問いを改革の中心に据えていかなければなりません。

一人ひとりが課題を共有し、議論を深めて取り組むことで、宗憲の基本精神に則った「同朋会運動」のこれからが開かれてくるのです。

第六章

同朋会運動のいま

一　真宗本廟奉仕《しんしゅうほんびょうほうし》

本廟奉仕は、親鸞聖人《しんらんしょうにん》がお亡くなりになった後、聖人の教えを受けた門徒がありし日の聖人のご恩を報謝するために、聖人のお姿を御真影《ごしんねい》として安置し、おりおりにつどい、聖人が明らかにされた教えにふれ、寄り合い、談合《だんごう》されたことをもととしています。

一九四七（昭和二十二）年、「本廟奉仕道場《ほんびょうほうしどうじょう》」が開設され、本廟奉仕は、宗門再興の根本道場として歩みをはじめました。そのときに「奉仕とは念仏を体《たい》解《げ》することであり、念仏を生活の中に具現《ぐげん》してゆくこと」と確認されています。

一九五一（昭和二十六）年には、法義相続《ほうぎそうぞく》・本廟護持《ほんびょうごじ》の同朋生活を回復しようと、「同朋生活運動」がはじまりました。全国から僧侶・門徒が米や味噌を携《たずさ》え自炊《じすい》しながら清掃奉仕と聞法《もんぽう》をするという本廟奉仕団が、宗門の基軸となる事業として展開されていきます。その奉仕団の増加により、受け入れ施設の拡充が求められました。

そして、一九五九（昭和三十四）年、親鸞聖人七百回御遠忌の記念事業として、同朋会館が建設されました。これは上山された人々の単なる宿泊施設ではなく、本廟奉仕のために全国の同朋がつどう道場です。日程中は朝夕のおつとめ、清掃奉仕、講義、座談、帰敬式《ききょうしき》などをとおして真宗門徒の生活を学びます。

さまざまな苦悩を抱える私たちも、宗祖親鸞聖人の御真影の前に身を置き、その教えを聞き、ともに語り合い、人間として生きる意味を尋ねていくという生活を、真宗本廟奉仕において学びます。住職や坊守とともにお寺のつどいとして、また、家族や友人とのグループで企画したり、あるいは報恩講奉仕団、子ども奉仕団、中高生奉仕団、おみ

同朋会館

奉仕団の様子

がき奉仕団、お煤《すす》払い奉仕団など、一人からでも参加できる奉仕団もあり、様々なかたちで展開されています。

二　同朋《どうぼう》の会推進講座《かいすいしんこうざ》

私たちの教団が、寺も門徒も近世の寺檀《じだん》制度を残したまま、儀礼《ぎれい》のみによってつながっているというあり方に対して、同朋教団としてその本来の相《すがた》を回復することが目指されました。

それが一九六二（昭和三十七）年にはじまりました「同朋会運動」です。この信仰運動では、お寺や地域に「同朋の会」といわれる聞法のつどいをひらくことが進められました。それは、住職・坊守・寺族と門徒がともに真宗の教えを聞き、語り合うことで、お寺が

同朋の会推進講座の様子

聞法の道場になり、広く現代社会にひらかれていくためのつどいです。この運動を推進していく中核となる人を育成するために推進員教習が実施されました。

一九八八（昭和六十三）年には、宗門の基幹《きかん》施策として「推進員養成講座」が開設されました。この講座は多くの門徒に推進員となっていただくため、全国の組が主体となり行われている連続講座です。この講座は前期教習と後期教習で構成され、前期教習は地元で、そして後期教習は真宗本廟・同朋会館を会場に、本廟奉仕として実施されます。身近な人を亡くされた方やお寺の役職の方、あるいはこれまで葬儀や法事以外にお寺と関わりのなかった門徒が仏法にであう大切なご縁となってきました。

二〇一七（平成二十九）年からは、同朋の会の誕生と再生を期するという目的を明確にするため、講座名称を「同朋の会推進講座」と改称して歩んでいます。

三　同朋《どうぼう》の会

月に一度はお寺でおしゃべり

『蓮如上人御一代記聞書《れんにょしょうにんごいちだいききがき》』には、毎日の心掛けとしてお内仏でお朝事をつとめ、毎月一度は道場であるお手次のお寺へ、毎年一度は真宗本廟にお参りするということばで、真宗門徒の生活姿勢（宗風《しゅうふう》）が示されています。

一九六二（昭和三十七）年に発足した同朋会運動は、教えにもとづく人と人との交わりから、一人の念仏者が誕生していくことを願いとして、毎月一度は門徒がお寺につどう「同朋の会」の結成を進めています。

同朋の会の様子

「同朋の会」とは、各お寺や地域で親鸞聖人の教えを聞き、語り合う人々のつどいです。他との関わりのなかで生きている私たちが、教えによって自らの生き方・あり方を問うことをとおして、生涯にわたって豊かな聞法の生活を実現していくものです。

蓮如上人は、

仏法《ぶっぽう》をば、ただ、より合《あ》い、より合《あ》い、談合《だんこう》申《もう》せ
（『蓮如上人御一代記聞書』真宗聖典第二版一〇六六頁）

と、生活のなかで信仰を確かめていく基盤として、「講《こう》」や「寄合《よりあい》」と呼ばれる集まりで話し合い、議論することを勧められました。「同朋の会」では、仏法を聞いて心に思ったことを互いに語りあい、確かめあうことで、ともに真実を求めて場を同じくする同朋の交わりを深めていきます。

親鸞聖人がお示しくださった念仏の教えを、自分の生活をとおして聞き、目の前の一人の人とともに語り合うことで、この私一人が、願生浄土《がんしょうじょうど》の道を歩ま

んと立ち上がっていく。このことが「同朋の会」の願いです。

四　帰敬式《ききょうしき》

帰依三宝《きえさんぼう》

帰敬式は、釈尊《しゃくそん》が在家信者《ざいけしんじゃ》の耶輸陀《やしゅだ》の妻と両親とに、仏・法・僧の三宝に帰依する「三帰《さんき》」をさずけ、在家の仏弟子となったことがはじまりといわれています。仏弟子として三宝に帰依することは、釈尊のご在世以来の仏教の歴史を貫いているものであり、仏教徒の根本の誓いであるとされてきました。ですから、帰敬式は、仏・法・僧の三宝に帰依することを誓い、法名をいただき、仏弟子としての新たな人生を歩ませていただく真宗門徒としての生活の出発となる儀式です。

その三宝とは、釈尊がさとられた南無阿弥陀仏の法が、現実の世界にはたらく姿をあらわします。

「仏」とは、苦しみ悩む人間を救おうとする南無阿弥陀仏の法に目覚めた「人（釈尊・諸仏《しょぶつ》）」であり、また、南無阿弥陀仏という「ことば」にまでなったのが「法」であります。そして「僧」とは、僧伽という意味であり、南無阿弥陀仏によって結ばれた人々の集まりということです。

この帰敬式は、髪をおろすことをかたどった「剃刀《ていとう》の儀《ぎ》」を行うことから、「おかみそり」ともいわれてきました。

帰敬式

法名《ほうみょう》

一般的に法名とは、亡くなったときにつけるかのように理解されていますが、本来は仏の教えに生きる者としての名のりですから、生前にいただくものです。「釋《しゃく》〇〇」と、釈尊の「釈（釋）」の字が冠せられた二字の法名をたまわります。女性の場合は「釋尼《しゃくに》〇〇」と「尼」が入ります。法名は南無阿弥陀仏の法を明らかにされた釈尊の弟子として、その教えを聞いて生きる者となるという名のりなのです。

帰敬式実践運動《ききょうしきじっせんうんどう》

一九九六（平成八）年には、門徒の方々に帰敬式の受式を呼びかける「帰敬式実践運動」が始まりました。帰敬式をとおして、「御同朋《おんどうぼう》」としての念仏の僧伽が見出されていく機縁となることが願われています。帰敬式は真宗本廟や別院、あるいは各寺院・教会で受式することができます。

資料

資料一　真宗大谷派歴代系譜（数字は本願寺歴代）

1 親鸞

善鸞《ぜんらん》
2 如信《にょしん》

覚信尼《かくしんに》
覚恵《かくえ》宗恵
3 覚如《かくにょ》宗昭

存覚《ぞんかく》光玄

従覚《じゅうかく》慈俊
4 善如《ぜんにょ》俊玄
5 綽如《しゃくにょ》時藝
6 巧如《ぎょうにょ》玄康
7 存如《ぞんにょ》圓兼
8 信證院蓮如《れんにょ》兼壽
9 教恩院實如《じつにょ》光兼
圓如《えんにょ》光融
10 信受院證如《しょうにょ》光教

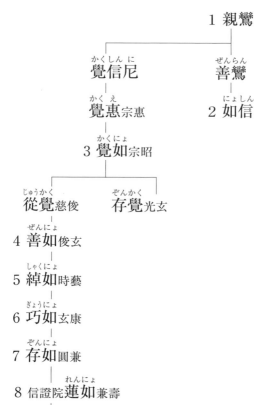

11 信樂院顯如《けんにょ》光佐

信光院准如《じゅんにょ》光昭

（浄土真宗本願寺派）

12 信淨院教如《きょうにょ》光壽

13 東泰院宣如《せんにょ》光從

14 淳寧院琢如《たくにょ》光瑛

16 無礙光院一如《いちにょ》光海

一圓《いちえん》海慧

18 清浄光院從如《じゅうにょ》光超

15 泥洹院常如《じょうにょ》光晴

17 功德聚院眞如《しんにょ》光性

19 歡喜光院乘如《じょうにょ》光遍

20 無上覺院達如《たつにょ》光朗

21 眞無量院嚴如《ごんにょ》光勝

22 莊嚴光院現如《げんにょ》光瑩

23 無量德院彰如《しょうにょ》光演

24 諦聽音院闡如《せんにょ》光暢

25 淨如《じょうにょ》暢顯

26 修如《しゅうにょ》暢裕

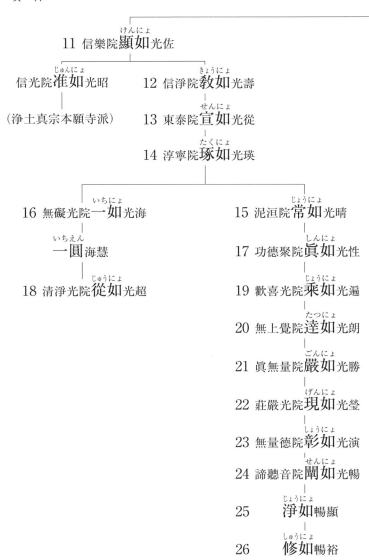

資料二　門徒に関する法規

■宗　憲（一九八一年六月十一日／宗達第三号）

第九章　僧侶及び門徒

第二節　門徒

（門徒の任務）

第八十二条　教法を聞信して真宗本廟に帰敬し、寺院又は教会に所属する者を本派の門徒という。

2　すべて門徒は、帰敬式を受け、宗門及び寺院、教会の護持興隆に努めなければならない。

（総代の任務）

第八十三条　門徒であって、衆望ある者の中から総代を定める。

2　総代は、住職又は教会主管者をたすけ、寺院、教会の興隆発展に努めなければならない。

（門徒及び総代に関する条例）

第八十四条　門徒及び総代に関する事項は、条例でこれを定める。

■門徒条例（一九九一年六月二十九日／条例公示第二十二号）

（定義）

第一条　本派に帰依し、寺院又は教会に所属して教法を聞信する者であって、門徒名簿に登載された者を本派の門徒という。

（任務等）

第二条　門徒は、帰向の誠を表わすため帰敬式を受けるものとし、真宗本廟に帰敬し、聞法に心がけ、宗門及び寺院、教会の護持興隆に努めなければならない。

2　帰敬式を受けた者には、法名を授ける。

（門徒名簿）

第三条　門徒は、その属する寺院又は教会の門徒名簿にこれを登録することを要する。

（所属移転）

第四条　門徒が他の寺院の門徒になろうとするときは、双方の寺院住職の承認及び双方の寺院の総代の同意を得なければならない。

（名簿の削除）

第五条　門徒であって次の各号の一に該当するときは、住職又は教会主管者は総代の同意を得て、これを名簿から除くことができる。ただし、別院については、輪番が常議員会の同意を得て、これを行うものとする。

一　教義について異説を主張し改めないとき。

二　住職又は教会主管者の職務を故意に妨げたとき。

三　門徒の責務を果さないとき。

四　寺院又は教会の秩序をみだしたとき。

2　前項について異議の申立のあった場合において、宗務総長は、審査の上不当を認めたときはその処置を取消すことができる。

（総代の選定）

第六条　門徒は、その責務を完うし衆望の帰するものに就いて総代を選定しなければならない。

（総代の任期）

第七条　総代の任期は、三年とする。ただし、再任を妨げない。

（総代届）

第八条　住職又は教会主管者は、総代の就任、退任及び死亡を遅滞なく教務所長を経て宗務総長に届け出なければならない。

（総代の欠格）

第九条　宗教法人法に定める役員の欠格に関する規定は、総代にも準用してこれを適用する。

（別院の特例）

第十条　第六条から前条の総代に関する規定は、別院条例第五十条の二の規定に基づき総代を置く別院について適用し、この場合、第八条に規定する「住職又は教会主管者」は、「輪番」と読み替えるものとする。

（礼遇）

第十一条　門徒であって功労のある者には、別に定めるところにより礼遇を与えることができる。

■組　制（一九九一年六月二十九日／条例公示第九号）

第一章　総則

（組の構成・運営）

第一条　組は、地方行政区画並びに教学振興及び教化推進の実動の便宜を参酌し、従前から分属された寺院、教会その他の所属団体により構成される地方宗務機関であって、聞法の道場たる寺院及び教会がその機能を発揮して同朋の会を生み出し、念仏者を育む同朋会運動のさらなる展開のための共同教化の単位として、常に同朋の公議公論に基づいて運営されなければならない。

第四章　組門徒会

（組織）

第十六条　組に組門徒会を置き、組門徒会員で組織する。

（目的）

第十七条　組門徒会は、寺院及び教会に所属する門徒の代表として、教化の振興をはかるため、組が行う施策について審議し、組の運営に寄与するとともに相互の連携を深め、同信同朋の実を挙げることを目的とする。

（選定及び報告等）

第十八条　組門徒会員は、組内の寺院又は教会に所属する成年門徒の中から、住職、教会主管者又はその代務者が、門徒総会に諮り若しくは総代と協議してこれを選定する。

2　組門徒会員が、所属する寺院又は教会を移転したときは、その地位を失う。

3　住職、教会主管者又はその代務者は、組門徒会員の氏名、生年月日、住所及び役職を組長に報告しなければならない。

（名簿の作成及び提出）
第十九条　組長は、組門徒会員名簿を作成して、教務所長に提出しなければならない。
（選定に関する特例）
第二十条　特別の事情のある教区で、第十八条の規定によることができない場合は、宗務総長の許可を得て、組門徒会の組織について別に定めることができる。
（定数）
第二十一条　組門徒会員の定数は、組内の寺院及び教会の二倍以内とする。
（会員証の交付）
第二十二条　教務所長は、組門徒会員に組門徒会員証を交付する。
（任期及び選定期間）
第二十三条　組門徒会員の任期は、三年とする。補欠者の任期は、前任者の残任期間とする。

2　寺院・教会は、組門徒会員の任期満了一月前までに、後任の組門徒会員を選定し、組長に報告しなければならない。

（役員及び職務権限）

第二十四条　組門徒会に次の役員を置く。

一　会長

二　副会長　若干人

三　常任委員　若干人

2　会長は、組門徒会を代表し、組門徒会の会議を招集し、その議長となる。

3　副会長は、会長を補佐し、会長に事故あるときは、その職務を代理する。

4　二人以上の副会長を置く組門徒会にあっては、会長はその職務を代理する副会長をあらかじめ指名しておくものとする。

5　常任委員は、会長及び副会長とともに常任委員会を組織し、組門徒会から委任された事項、組門徒会の運営に関する事項その他必要な事項を処理する。

（定足数及び規約の制定）

第二十五条　組門徒会は、組門徒会員の定数の半数以上が出席しなければ、会議を開くことができない。

2　組門徒会は、運営の方法その他必要な事項について規約を定め、組長を経て教務所長の承認を得なければならない。

（準用規定）

第二十六条　第十一条の規定は、組門徒会にこれを準用する。この場合、第二十四条第二項の規定にかかわらず、組門徒会の招集は、組長がこれを行う。

〈組制第二十六条参考〉

第三章　組会

（付議事項）

第十一条　組長は、組会に次の事項を付議する。

一　教化及び学事の振興に関する事項

二　組の施設に関する事項

三　組費の徴集に関する事項
四　組の予算及び決算に関する事項
五　懇志の奨励に関する事項
六　組の規約の制定及び改廃に関する事項
七　その他必要な事項

真宗大谷派では、男女共同参画による宗門運営を推進するため、二〇一四年一月に男女共同参画推進会議が設置され、特に組門徒会への女性参画推進のため「男女共同参画推進に向けた組門徒会選定に関する特別措置条例」が制定されるなど取り組みを進めています。宗門全体の運営は、各教区から選出された議員で構成される「宗会」という議決機関で決定されます。

組門徒会は、教区門徒会と参議会の選出母体でもあるため、組門徒会への女性参画の推進が、男女共同参画による宗門運営を実現する基盤となります。

■男女共同参画推進に向けた組門徒会員選定に関する特別措置条例

（二〇一四年六月二十七日／条例公示第五号）

（趣旨）

第一条　この条例は、女性門徒の積極的な宗政参加による宗門活動の活性化をはかり、もって宗門における男女共同参画を推進するため、普通寺院（以下「寺院」という。）及び教会における女性の組門徒会員の選定促進に係る必要な特別措置について定める。

（女性組門徒会員の選定）

第二条　寺院又は教会は、組制（一九九一年条例公示第九号。以下同じ。）第十八条による組門徒会員の選定において、一人以上の女性を選定するものとする。この場合、組制第二十一条及び当該組門徒会規約の規定に関わらず、組門徒会員の定数を組内の寺院及び教会の三倍以内とすることができる。

2　組制第二十条の規定により別に組門徒会の組織を定めている組においては、組門徒会員の選定において第一条の趣旨に基づき、当該教務所長は、教区会及び教区門徒会の議決を得て特別措置を定め、宗務総長の承認を得るものとする。

（教区における周知）

第三条　教務所長は、女性組門徒会員の選定が促進されるよう、教区教化委員会又は教区の男女共同参画推進機関と連携して、組長及び組門徒会長並びに寺院及び教会に対して、本条例の趣旨の周知徹底及び環境整備に努めるものとする。

（組における周知）

第四条　組長は、組門徒会長とともに、組内の寺院及び教会に対して本条例の趣旨が伝わるよう、組同朋総会をはじめとした組内のあらゆる機関を通じて周知徹底に努めるものとする。

（条例の効力）

第五条　この条例は、二〇二七年三月九日に失効する。

■教区制（一九九一年六月二十九日／条例公示第八号）

第二章　教区の議決機関

第一節　通則

（教区会及び教区門徒会）

第九条　教区の宗務の適正な運営をはかるため、教区に教区会及び教区門徒会を置く。

（付議事項）

第十条　教務所長は、次に掲げる事項を教区会及び教区門徒会に付議しなければならない。

一　教化及び学事の振興に関する事項
二　教区の施設に関する事項
三　教区費の賦課徴収に関する事項
四　懇志の奨励に関する事項
五　組への交付金に関する事項

六　その他必要な事項

2　教区会及び教区門徒会は、宗務総長の承認を得て、宗門維持のための懇志金勧募について、必要と認める方法を議決することができる。

3　前項の議決については、宗務総長の承認を得なければならない。

第四節　教区門徒会

（組織）

第五十二条　教区門徒会は、組門徒会において組門徒会員の中から互選された教区門徒会員で組織する。

2　前項の会員の数は、当該教区の組の数の二倍を超えないものとする。

3　教務所長は、組の区域及び寺院及び教会の数を勘案して、各組門徒会において互選すべき教区門徒会員の定数を定めなければならない。この場合一の組門徒会について三人を超えないものとする。

（組織に関する特例）

第五十三条　特別の事情のある教区で、前条の規定によることができないときは、宗務総長の許可を受けて、教区門徒会の組織及びその定数について別に定めることができる。

（教区門徒会員証の交付）

第五十四条　教区門徒会員には、教務所長が教区門徒会員証を交付する。

（規約）

第五十五条　教区門徒会は、その定数及び運営の方法その他必要な事項について規約を定め、宗務総長の承認を得なければならない。

（資格を有しない者）

第五十六条　次の各号に掲げる者は、教区門徒会員となることができない。

一　未成年者

二　条例で宗務役員又は準宗務役員と定められた役職にある者

三　破産手続開始の決定を受け復権を得ない者又は破産の宣告を受け復権を得ない者

四　禁錮以上の刑に処せられ、その執行を終わるまでの者又は執行を受けることがなくなるまでの者

（地位の失効）

第五十七条　教区門徒会員は、組門徒会員でなくなったときは、その地位を失う。

2　教区門徒会員は、門徒たるの本分に悖り、又は教区門徒会の品位を失墜する行為により、教区門徒会において不適任と決定されたときは、会員の地位を失う。

3　教区門徒会が前項の決定をしようとするときは、出席会員の四分の三以上の多数で決めなければならない。

（任期）

第五十八条　教区門徒会員の任期は、三年とする。

2　補欠による教区門徒会員の任期は、前任者の残任期間とする。

（役員）

第五十九条　教区門徒会に教区門徒会員の互選により、次の役員を置く。

一　会　長
二　副会長　一人
三　常任委員　当該教区の選出参事会員の数
2　会長は、会議の議長となり、議事を整理し、教区門徒会を代表する。
3　副会長は、会長を補佐し、会長に事故があるときは、その職務を代理する。
4　常任委員は、会長及び副会長とともに常任委員会を組織し、この条例に定める事項を行う。
5　常任委員に補充員二人を置き、教区門徒会において互選した者がこれに当たる。
6　第一項の役員の任期は、教区門徒会員の任期による。ただし、役員の任期が満了しても、後任者が就任するまで、常任委員会に属する事項を行う。
（教区門徒会員の選定期間）
第六十条　第五十二条第一項の規定による教区門徒会員の選定は、新たに選定された組門徒会員の任期が始まる日から教区門徒会員の任期が満了する日の前五日までの間にこれを行わなければならない。この場合、組長は、遅滞なくその結果を教務所長に報告しなければならない。

（名簿の作成及び報告）

第六十一条　教務所長は、教区門徒会員及び第五十九条第一項の役員の名簿を作成し、宗務総長に報告しなければならない。

2　教務所長は、前項の名簿に異動があったときもまた同様とする。

（常任委員会への委任）

第六十二条　教区門徒会は、その権限に属する事項を常任委員会に委任することができる。

（準用規定）

第六十三条　第二十五条及び第三十条から第四十一条までの規定は、教区門徒会にこれを準用する。

■教化基本条例（一九八五年六月二十日／条例公示第四号）

第一章　総則

（この条例の目的）

第一条　この条例は、本派の教化の体制を確立するため、必要な事項を定めることを目的とする。

（教化の本旨）

第二条　本派の教化は、宗祖親鸞聖人の立教開宗の精神に基づき、自信教人信の実践により同朋社会の顕現につとめることを本旨とする。

（本廟奉仕）

第三条　教化は、本派に属するすべての者が、つねに真宗本廟崇敬の念に基づき、本廟に奉仕して聞法研修することをもってその基本とする。

第三章　真宗同朋会

（真宗同朋会）

第九条　本派は、立教開宗の精神により、自信教人信の実を挙げ同朋社会の実現を期するため、真宗同朋会（以下「同朋会」という。）を設ける。

（会員）

第十条　僧侶、寺族及び門徒は、すべて同朋会の会員とする。

2　同朋会の趣旨に賛同する者は、何人でも会員になることができる。

（同朋の会の結成）

第十一条　僧侶、寺族及び門徒は、寺院及び教会を中心として、同朋の会を結成するようつとめなければならない。

2　本派は、同朋の会を結成するための必要な施策を講ずるものとする。

（機関紙）

第十二条　本派は、同朋会の機関紙として、「同朋新聞」を発行する。

■真宗同朋会条例（一九八五年六月二十日／条例公示第五号）

（趣旨）

第一条　この条例は、真宗同朋会（以下「同朋会」という。）について定める。

（同朋会の本旨）

第二条　同朋会は、教化基本条例（一九八五年条例公示第四号）第九条の規定に則り、会員が自らの上に教法を聞き開き、その自覚を生活に生かし、もって健全な社会の形成に寄与することをその本旨とする。

（施策）

第三条　同朋会推進のための施策として、研修、機関紙「同朋新聞」その他の教化資料の発行、講師の派遣並びにその他必要な事業を行う。

（会員の責務）

第四条　すべて会員は、同朋会の本旨に則り、その推進につとめるものとする。

（同朋の会）

第五条　同朋の会は、同朋会の本旨に基づき、会員が相共に研鑽し、同朋教団の一員としての自覚を深めることを目的とする。

2　同朋の会は、寺院又は教会によるほか、地域又は職域により結成することができる。

3　同朋の会を結成したときは、別に定めるところにより、宗務総長にこれを届け出なければならない。

（同朋会の事務）

第六条　同朋会の事務は、宗務所が行い、地方における事務は、教務所、開教監督部及び組長が、それぞれこれを取り扱う。

（同朋会員志）

第七条　会員は、毎年、別に定める同朋会員志を本派に納入するものとする。

資料三　宗教法人の運営について

宗教法人法は、「宗教団体が、礼拝の施設その他の財産を所有し、これを維持運用し、その他その目的達成のための業務及び事業を運営することに資するため、宗教団体に法律上の能力（法人格）を与えること」（同法第１条）を目的としてつくられた法律です。

あくまでも「信教の自由」と「政教分離の原則」を基本とし、それとともに宗教法人の責任を明確にし、かつその公共性に配慮を払う趣旨から、常に「自由と自主性」、「責任と公共性」の２つの要請を骨子として全体系が組み立てられています。宗教法人は、公益性及び民主的運営に資するために次の３つの制度が導入されています。

認証制度

宗教法人の設立、規則の変更、合併、解散について、そのつど所轄庁の認証を得なければなりません。

責任役員制度

宗教法人には、必ず３人以上の責任役員（うち１人は代表役員）を置き、規則に別段の定めがなければ、宗教法人の事務は責任役員の定数の過半数で決し、その議決権は、各々平等となっています。

公告制度

宗教法人が重要な行為（合併、解散、財産処分等）をしようとするときには、信者その他の利害関係人に公告することを義務付けています。

≪包括団体と被包括団体≫

寺院・神社・教会などの個別の宗教法人の多くは、宗派・教派・教団などに属しています。これらの個別の寺院・神社・教会などを「被包括団体」と呼び、宗派・教派・教団などを「包括団体」と呼びます。

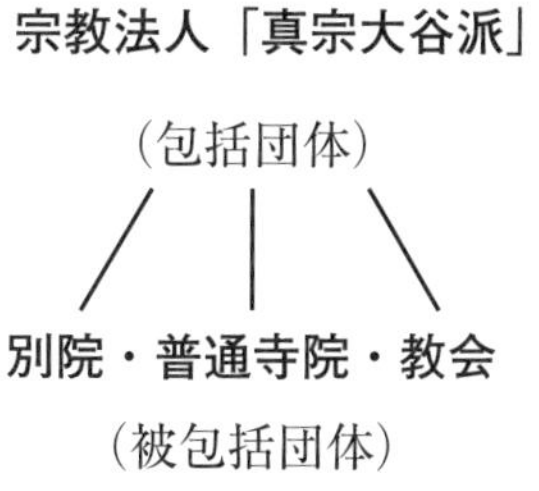

≪真宗大谷派寺院の役員構成≫

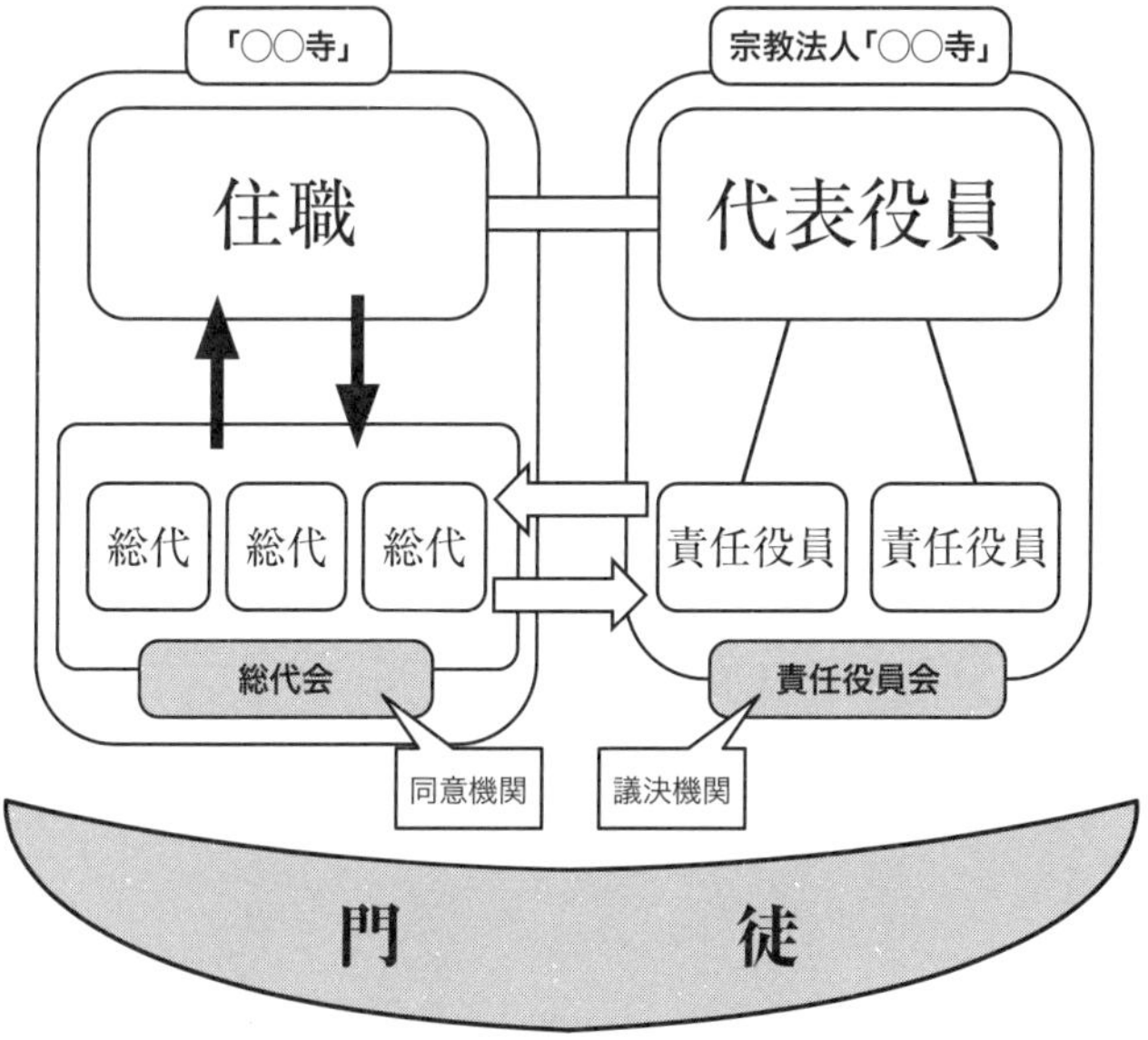

■宗教法人法（一九五一年四月三日／法律第百二十六号）

第三章　管理

（代表役員及び責任役員）

第十八条　宗教法人には、三人以上の責任役員を置き、そのうち一人を代表役員とする。

2　代表役員は、規則に別段の定がなければ、責任役員の互選によつて定める。

3　代表役員は、宗教法人を代表し、その事務を総理する。

4　責任役員は、規則で定めるところにより、宗教法人の事務を決定する。

5　代表役員及び責任役員は、常に法令、規則及び当該宗教法人を包括する宗教団体が当該宗教法人と協議して定めた規程がある場合にはその規程に従い、更にこれらの法令、規則又は規程に違反しない限り、宗教上の規約、規律、慣習及び伝統を十分に考慮して、当該宗教法人の業務及び事業の適切な運営をはかり、その保護管理する財産については、いやしくもこれを他の目的に使用し、又は濫用しないようにしなければならない。

6　代表役員及び責任役員の宗教法人の事務に関する権限は、当該役員の宗教上の機能に対するいかなる支配権その他の権限も含むものではない。

■宗教法人「真宗大谷派」規則（一九五二年三月二十八日／文部大臣認証）

第三章　この法人が包括する寺院及び教会

第三節　普通寺院及び教会

（代表役員）

第三十八条　普通寺院（以下本節において「寺院」という。）又は教会の代表役員は、宗憲に定めるところにより、当該寺院の住職又は教会の教会主管者の職にある者をもってこれに充てる。

（責任役員）

第三十九条　寺院又は教会の代表役員以外の責任役員は、次の各号に掲げる者とする。

一　当該寺院又は教会に僧籍を有する者の中からその代表役員が総代の同意

を得て選定した者

二　総代が選定した者

2　前項第一号の規定によって責任役員を選定する場合において、当該寺院又は教会に僧籍を有する者がないとき、又はその僧籍を有する者の中から選定することができないときは、代表役員は、総代の同意を得て、他の者を選定することができる。

3　代表役員以外の責任役員の任期は、三年とする。ただし、補欠の責任役員の任期は、前任者の残任期間とする。

4　後任の責任役員は、現任者の任期満了一月前までに選定しなければならない。

（総代の員数及び任期）

第四十四条　寺院又は教会には、三人以上の総代を置かなければならない。

2　第三十九条第三項及び同第四項の規定は、総代にこれを準用する。

（総代の職務権限）

第四十五条　寺院又は教会の総代は、責任役員に協力して、当該寺院又は教会の興隆に努めなければならない。

（総代の同意）

第四十六条　第二十九条に規定する宗務総長の承認を要する事項その他重要な事項については、当該寺院又は教会の総代の同意を得なければならない。

2　総代は、当該寺院又は教会の業務について、勧告及び助言をすることができる。

〈宗教法人「真宗大谷派」規則第四十六条参考〉

（承認を要する事項）

第二十九条　この法人が包括する寺院又は教会が次の各号に掲げる行為をしようとするときは、この法人の代表役員たる宗務総長の承認を受けなければならない。

一　宗教法人となること。

二　規則を変更すること。
三　合併又は解散をすること。
四　財産の処分等について、当該寺院又は教会の規則において、宗務総長の承認を必要とするものと定められた事項
2　宗教法人がこの法人と被包括関係を設定しようとするときは、この法人の代表役員たる宗務総長の承認を受けなければならない。

■真宗大谷派の寺院・教会の宗教法人規則（準則）

第二章　役員その他の機関

第一節　代表役員及び責任役員

（代表役員の資格）
第六条　代表役員は、この寺院の住職の職にある者をもって充てる。
2　住職は、宗憲により、　　　　姓を名乗る教師について、真宗大谷派の代表役員たる宗務総長（以下「宗務総長」という。）が任命する。

3　住職の任命の申請は、総代の同意を得て、住職又は住職代務者が行い、住職及び住職代務者がともにないときは、総代が合議して行う。

（代表役員の職務権限）

第七条　代表役員は、この法人を代表し、その事務を総理する。

（責任役員の員数）

第八条　この法人には、　　人の責任役員を置く。

（責任役員の資格、選定及び職務権限）

第九条　代表役員以外の責任役員は、次に掲げる者とする。

一　この寺院に僧籍を有する者のうちから代表役員が総代の同意を得て選定した者　　人

二　総代が選定した者　　人

2　前項第一号の規定によって責任役員を選定する場合において、この寺院に僧籍を有する者がないとき、又はその僧籍を有する者のうちから選定することができないときは、代表役員は、総代の同意を得て、他の者のうちからこれを選定することができる。

3　この法人の事務は、責任役員の定数の三分の二以上によって決し、その議決権は各々平等とする。

（責任役員の任期）

第十条　代表役員以外の責任役員の任期は、三年とする。但し、再任を妨げない。

2　補欠責任役員の任期は、前任者の残任期間とする。

3　後任責任役員は、現任者の任期満了一月前までに選定しなければならない。

第四節　総代

（員数、資格、選定及び任期）

第十六条　この寺院には、　　人の総代を置く。

2　総代は、この寺院の門徒で、衆望の帰するもののうちから選定する。

3　第十条の規定は、総代に準用する。

（職務権限）

第十七条　総代は、責任役員に協力して、この寺院の興隆に努めなければならない。

2　総代は、この寺院の業務について、勧告及び助言をすることができる。

（同意を要する事項）

第十八条　次に掲げる事項については、あらかじめ総代の同意を得なければならない。但し、緊急の必要に基くものであり、又は軽微のものである場合及び第四号に掲げる事項が一年以内の期間に係るものである場合は、この限りでない。

一　借入及び臨時の融通

二　主要建物の新築、改築、増築、移築、除却及び著しい模様替

三　土地の著しい模様替

四　主要な境内建物及び境内地の用途の変更並びにこの法人の目的以外の使用

宗務機関

宗務所

宗務所では、内局の統括のもとに、いくつもの部門が設置され、さまざまな宗務を行っています。

宗会が開かれる「議場」も宗務所の中にあります。

内局

宗会により指名され、門首より認証された宗務総長と、宗務総長により任命された5人の参務、計6人で構成されています。

門首

僧侶及び門徒の首位にあって、僧侶及び門徒を代表して御真影の給仕をし、同朋とともに真宗の教法を聞信します。

議決機関

宗会

本派の最高議決機関で、宗議会・参議会の二院制で組織されています。

宗議会

僧侶（有教師）から選ばれた宗議会議員65人以内で構成される議会です。

参議会

教区門徒会員から選ばれた参議会議員65人以内で構成される議会です。

審問院

宗務機関、議決機関とは独立した機関。審問院長の統括のもと裁判所の機能をもつ「審問室」と検察の機能をもつ「監察室」が置かれています。

監察室	審問室

資料四　同朋会運動を進める宗務のしくみ

寺院・教会／僧侶・門徒

すべての人の聞法の道場として、それぞれの寺院・教会に所属する僧侶・門徒が共に寺院の教化活動、運営を担っています。

寺院数
約8,600カ寺

僧侶人数
約31,500人

門徒戸数
約130万戸

組

組は、寺院・教会が同朋会運動の更なる展開につながる教化活動が共にできるように構成された単位で、現在、全国に393カ組あります。

※全国を教区に分け、教区を組に分けて宗務を行っています。

教区

現在、全国を20の「教区」に分け、地域に根ざした教化の取り組みなどがなされています。また、各教区には教務所が設けられ、さまざまな職務を行っています。

別院

地域の教化の中心道場として、教区・開教区との連携のもと、地方の特性に応じて教化活動を行う場所で、現在、国内・国外含め55の別院があります。

組教化委員会

組内における教化事業の企画・運営を行います。

教区教化委員会

各教区ごとに地域に根ざした教化事業の企画・運営を行います。

組会

組内の住職・教会主管者及び代務者で構成されています。

教区会

組会の代表者である組長（組長議員）と、当該教区内の住職・教会主管者から選挙で選ばれた人（選出議員）で構成されています。

教化事業などに必要な予算や、その他、組の規則などが、組会・組門徒会という2つの会で審議・議決されます。

教化事業を含む、教区の予算などは、教区会、教区門徒会という2つの会で審議・議決されます。

組門徒会

組内にある寺院・教会の成年門徒から選ばれた代表者（組門徒会員）で構成されています。

教区門徒会

組門徒会員の中から選ばれた代表者（教区門徒会員）で構成されています。

査察委員

宗派の風紀秩序保持、また、宗憲や諸規則に則った運営を確保するために置かれ、各組に所属する住職・教会主管者の中から選挙で選ばれます。

資料五　全国教区別地図（二〇二四年二月現在）

●印＝教務所所在地・開教監督部所在地
○印＝教務支所所在地

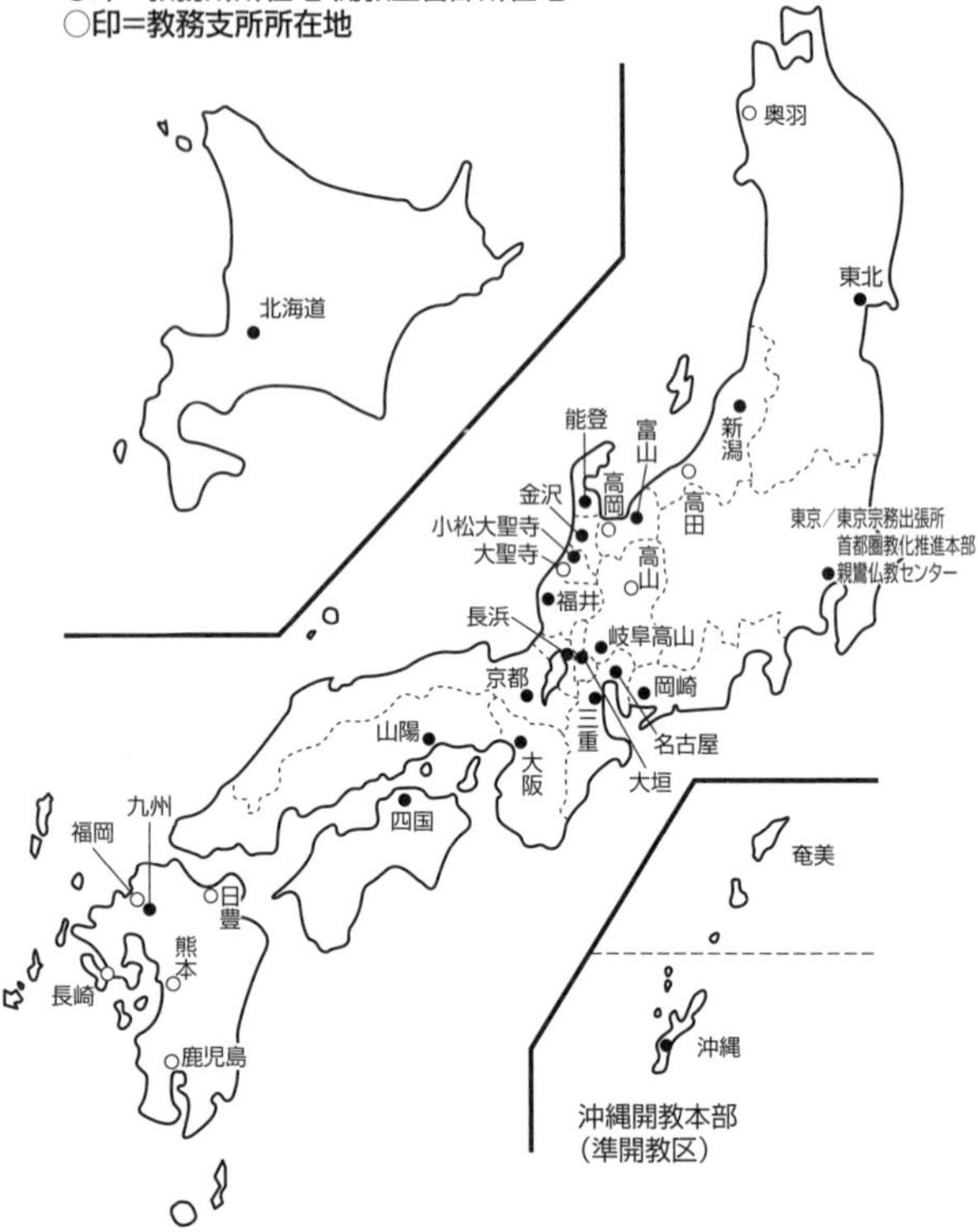

■海外開教区

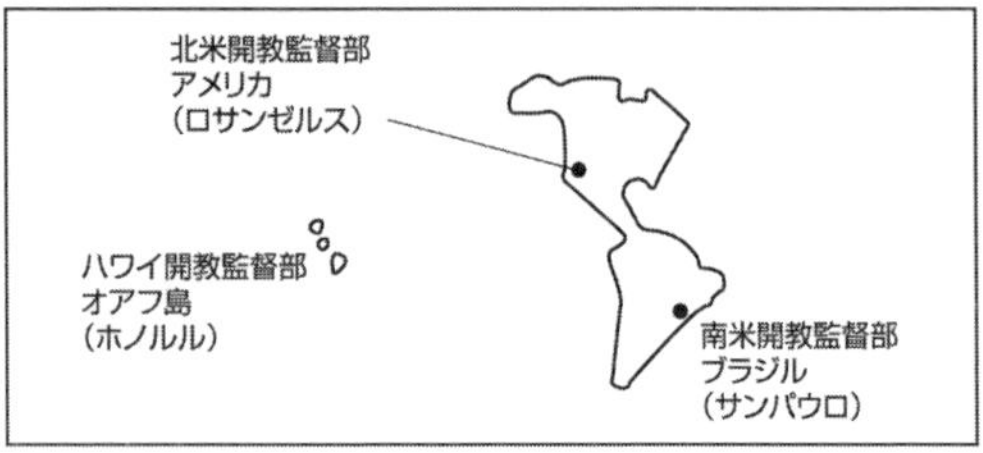

資料六　略年表

（この年表は、親鸞聖人誕生（一一七三年）から現在までの真宗の流れを概観する略年表である。）

西暦	和暦	親鸞年齢	事項
一一七三	承安三	一歳	京都で誕生。
一一八一	養和元	九歳	出家。範宴《はんねん》と名のる。それから二〇年間、比叡山延暦寺で厳しい修行と修学に励む。
一一八二	寿永元	一〇歳	恵信尼公誕生。
一二〇一	建仁元	二九歳	比叡山を下り、聖徳太子ゆかりの六角堂《ろっかくどう》に参籠《さんろう》。九十五日目の暁、聖徳太子の夢告《むこく》にみちびかれて、法然上人のもとに百日間通われ、念仏の教えにであう。

一二〇四	元久元	三二歳	比叡山は法然上人の専修念仏を問題視し、それを受けて法然上人は、門弟をいましめる七箇条制誡《しちかじょうせいかい》を示す。親鸞聖人はそこに「僧綽空《そうしゃくくう》」と署名する。
一二〇五	元久二	三三歳	法然上人から『選択本願念仏集《せんじゃくほんがんねんぶつしゅう》』の書写と真影《しんねい》（法然上人の肖像画）の図画《ずえ》を許される。また、夢告により綽空の名をあらためる。
一二〇七	承元元	三五歳	老若男女、身分を問わず多くの人が法然上人の念仏の教えに帰依するが、興福寺から強い反発を受けて、興《こう》福寺奏状《ふくじそうじょう》が朝廷に出される。専修念仏停止の命令が出され、四名が死罪、八名が流《る》罪《ざい》となる。法然上人は土佐へ、親鸞聖人は越後へ流罪（承元《じょうげん》の法難《ほうなん》）。

一二一一	建暦元	三九歳	法然上人、親鸞聖人、流罪を許される。親鸞聖人はしばらく越後にとどまる。その後関東へ向かう。
一二一二	建暦二	四〇歳	法然上人、東山大谷の地で入滅（八〇歳）。
一二一四	建保二	四二歳	佐貫《さぬき》の地で、衆生利益のために三部経《さんぶきょう》千部《せんぶ》読誦《どくじゅ》を発願するが、自力の執心と思い返し読誦をやめ、やがて常陸《ひたち》に向かう。
一二二四	元仁元	五二歳	当年を末法に入って六八三年と『教行信証』（化身土巻）に記す。
一二二七	安貞元	五五歳	延暦寺衆徒により『選択集』の版木が焼かれる（嘉禄《かろく》の法難）。
一二三一	寛喜三	五九歳	寛喜の大飢饉が全土に及ぶ。病に臥《ふ》し、病床で『仏説無量寿経』を読み、建保二年の三部経読誦の内省《ないせい》を恵信尼公に告げる。

一二三二	貞永元	六〇歳	この頃、京都に帰洛したといわれている。
一二三四	文暦元	六二歳	朝廷による念仏停止。
一二四八	宝治二	七六歳	『浄土和讃』『浄土高僧和讃』をあらわす。以後、晩年まで多くの著述を続ける。
一二五一	建長三	七九歳	関東では念仏の受けとめをめぐって、混乱や対立が深まり、親鸞聖人はそれを制止すべく多くの手紙（御消息）や書物を関東の門弟に書き送る。
一二五六	建長八	八四歳	状況を終息させるために長男の善鸞《ぜんらん》を関東に向かわせるが、かえって関東の門弟らを惑わす結果となり、父子の縁を切る（善鸞義絶）。
一二六二	弘長二	九〇歳	一一月二八日、弟尋有の善法坊にて末娘の覚信尼公ら家族や門弟に見守られながら生涯を終える。東山の延仁寺で火葬。遺骨は大谷の地に埋葬。

西暦	和暦	月	事項
一二七〇	文永七	十二月	覚如（宗昭）誕生。
一二七二	文永九	（冬）	吉水の北に親鸞聖人の廟堂が建てられ、影像が安置される。
一二八八	正応元	（冬）	常陸国《ひたちのくに》河和田《かわわだ》の唯円上洛（この前後に『歎異抄』あらわされるか）。
一三四三	康永二	十一月	『親鸞伝絵《しんらんでんね》』（康永本）成る。
一四一五	応永二二	二月	蓮如（兼寿）誕生。
一四五七	長禄元	六月	蓮如、本願寺留守職となる（四三歳）。
一四六一	寛正二	三月	蓮如、はじめて『御文』を書いて門徒を教化（四七歳）。

一四六五	寛正六	一月	比叡山の衆徒により本願寺壊滅。
一四七三	文明五	三月	蓮如、「正信偈」・『三帖和讃』開板《かいはん》。
一四九九	明応八	三月	蓮如没（八五歳）。
一五三二	天文元	八月	法華衆徒らに山科本願寺焼かれる。
			証如、石山御坊に移る（大坂本願寺）。
一五八〇	天正八	三月	本願寺、織田信長と和睦《わぼく》（石山合戦終わる）。
		八月	教如、本願寺を退く。大坂本願寺焼ける。
一五九一	天正一九	八月	本願寺、京都（堀川六条）に移る。
一六〇二	慶長七	二月	徳川家康、教如に京都烏丸六条の寺地を寄付（東西本願寺分立）。
一六四〇	寛永一七		幕府、宗門改役《しゅうもんあらためやく》を設置し、宗門改と寺請檀家《てらうけだんか》制度が実施される。宗旨人別帳《しゅうしにんべつちょう》作成。

一七八八	天明八	一月	京都大火により両堂焼失。
一八二三	文政六	一一月	山内出火により両堂焼失。
一八五八	安政五	六月	京都大火により両堂焼失。
一八六四	元治元	七月	禁門の変（蛤御門の戦い）による戦火のため、両堂以下諸堂焼失。
一八六八	明治元	三月	祭政一致の制を復活。政府神仏分離《しんぶつぶんり》令《れい》出す。廃仏毀釈《はいぶつきしゃく》によって、寺院仏像などの破却・焼打が各地で起こる。
一八七一	明治四	四月	戸籍法改正され宗旨人別帳、寺請檀家制度廃止。
一八七二	明治五	四月	神道中心の国民教化のため教導職設置、三条の教則（敬神愛国、天理人道の明示、皇上奉戴と朝旨遵守）を定める。
一八七三	明治六	一月	大教院《だいきょういん》開院。

一八七五	明治八	二月	真宗各派、大教院を離脱。
一八七六	明治九	一一月	「見真《けんしん》」の大師号《だいしごう》が宣下《せんげ》される。
一八七九	明治一二	九月	「見真」の勅額《ちょくがく》が下賜《かし》される。
一八八五	明治一八	一一月	相続講設立。
一八九五	明治二八	四月	両堂落慶。
一八九六	明治二九	一〇月	清沢満之ら「教界時言社《きょうかいじげんしゃ》」設立、本山改革をとなえる。『教界時言』発刊（明治三一年三月終刊）。この改革は、事務所のあった地名にちなんで「白川党宗門改革運動」といわれた。
一九〇〇	明治三三	九月	東京に清沢満之を中心に、「浩々洞《こうこうどう》」開かれる。
一九〇一	明治三四	一月	浩々洞より『精神界《せいしんかい》』発刊。
一九一一	明治四四	四月	宗祖六百五十回大遠忌法要。
一九二一	大正一〇	二月	宗門に社会課が設置される。

一九二二	大正一一	三月	全国水平社創立。
一九四七	昭和二二	八月	本廟奉仕道場が開設。
一九四八	昭和二三	一月	真人社《しんじんしゃ》結成。
一九四九	昭和二四	四月	蓮如上人四百五十回忌法要。
一九五一	昭和二六	七月	同朋生活運動計画を発表。本廟奉仕はじまる（暁烏敏内局）。
一九五六	昭和三一	四月	「宗門各位に告ぐ」（宗門白書）発表（宮谷法含内局）。
一九五八	昭和三三	一一月	同朋会館建設着工（一九五九年一一月竣工）。
一九六〇	昭和三五	二月	同朋会館において本廟奉仕始まる。
一九六一	昭和三六	四月	宗祖七百回御遠忌法要。

一九六二	昭和三七	六月	同朋会運動第一次五カ年計画発表。 《本廟奉仕・特別伝道・推進員教習》
		七月	「同朋会運動」発足（「真宗同朋会条例」公布）。 《真宗同朋会とは、純粋なる信仰運動である。》 《家の宗教から個の自覚の宗教へ》
一九六七	昭和四二	一一月	難波別院輪番差別事件起こる。
一九六九	昭和四四	四月	管長職《かんちょうしょく》譲渡の「開申《かいしん》」事件。
		六月	「靖国神社法案」国会に提出、それに先立ち三月に東西本願寺、法案廃案を要請。
		八月	難波別院輪番差別事件第一回糾弾《きゅうだん》会。
一九七〇	昭和四五	一〇月	「中道」誌差別事件。
一九七一	昭和四六	七月	同和部設置（一九七七年から同和推進本部）。

一九七三	昭和四八	四月	親鸞聖人御誕生八百年・立教開宗《りっきょうかいしゅう》七百五十年慶讃法要。 《生まれた意義と生きる喜びを見つけよう》
一九七七	昭和五二	四月	同朋会運動十五周年全国大会。 《実践課題①古い宗門体質の克服 ②現代社会との接点をもつ ③真宗門徒としての自覚と実践》
一九七八	昭和五三	九月	同朋の会テキスト『宗祖親鸞聖人』刊行。
		一一月	同和学習テキスト『仏の名のもとに』刊行。
一九八一	昭和五六	六月	新「真宗大谷派宗憲」発布。 《同朋社会《どうぼうしゃかい》の顕現《けんげん》・宗本一体《しゅうほんいったい》・同朋公議《どうぼうこうぎ》》 《門首制と宗参両議会の二院制》
一九八二	昭和五七	六月	第一回参議会。
		七月	「組門徒会総合研修計画」始まる。

一九八七	昭和六二	一〇月	組門徒会研修テキスト『真宗の教えと宗門の歩み』刊行。
		四月	第一回全戦没者追弔法会。 《はじめて宗門の戦争責任を告白》
		七月	全推協叢書《ぜんすいきょうそうしょ》『同朋社会の顕現』差別事件。
一九八八	昭和六三	七月	推進員養成講座開設。
一九八九	平成元	四月	全推協叢書『同朋社会の顕現』差別事件に対する第一回真宗大谷派糾弾会。
		一一月	東本願寺真宗会館落慶記念式典（東京都練馬区）。
一九九二	平成四	三月	初の女性住職を任命。
一九九三	平成五	一一月	東本願寺沖縄開教本部設置。
一九九四	平成六	九月	宗務審議会「女性の宗門活動に関する委員会」設置（一九九六年一月に答申）。
一九九五	平成七	三月	沖縄戦五十周年追弔法会。

一九九六	平成八	六月	宗議会・参議会において「不戦決議」を可決。
		四月	帰敬式実践運動始まる。
		六月	「寺院教会条例」改正。 《住職就任についての男女格差撤廃》
		七月	大谷暢顯、第二十五代門首に就任。
		一二月	女性室設置。
一九九八	平成一〇	四月	蓮如上人五百回御遠忌法要。 《バラバラでいっしょ—差異《ちがい》をみとめる世界の発見—》
一九九九	平成一一	一一月	改訂版『現代の聖典』発行。
二〇〇三	平成一五	一一月	御影堂御修復にともなう「御真影動座式」。
二〇〇四	平成一六	三月	真宗本廟御影堂御修復起工式。
		七月	同和推進本部を解放運動推進本部に改称。

二〇〇五	平成一七	二月	真宗本廟御影堂御修復工事瓦降ろし始式兼素屋根工事竣工式。
		五月	宗祖親鸞聖人七百五十回御遠忌真宗本廟お待ち受け大会開催。
		七月	《今、いのちがあなたを生きている》 真宗同朋会運動推進「中期教化研修計画」実施。 基本理念《宗祖としての親鸞聖人に遇う》 施策の基本方針①本願念仏に生きる人の誕生 ②真宗の仏事の回復
二〇〇七	平成一九	五月	国宝『教行信証』（坂東本）完全複製本が完成。
二〇〇九	平成二一	八月	真宗本廟御影堂御修復竣工式。
		九月	御影堂御修復完了にともなう「御真影還座《げんざ》式」。
		一一月	「御影堂御修復完了奉告法要」勤修。

二〇一〇	平成二二	四月	「東本願寺沖縄別院設立奉告法要」勤修。
二〇一一	平成二三	三月	東日本大震災発生。
			宗祖親鸞聖人七百五十回御遠忌
			「被災者支援のつどい」（三月一九日〜三月二八日）
		四月	第二期（四月一九日〜四月二八日）
		五月	第三期（五月一九日〜五月二八日）
		一一月	讃仰音楽法要厳修。
			御正当報恩講厳修。
			阿弥陀堂御修復にともなう「御本尊動座式」。
二〇一二	平成二四	二月	真宗本廟阿弥陀堂・御影堂門御修復起工式。

二〇一六	平成二八	三月	御影堂門御修復完了にともなう「御影堂門通り初め」。
			阿弥陀堂御修復完了にともなう「御本尊還座式」。
		四月	「阿弥陀堂御修復完了奉告法要」勤修。
			真宗本廟境内西側工事・奉仕施設（同朋会館・研修道場・和敬堂）工事着工。
		一一月	「真宗本廟両堂等御修復完了奉告法要」厳修。
二〇一八	平成三〇	七月	真宗本廟境内西側整備工事・奉仕施設建設工事竣工式。
二〇二〇	令和二	六月	大谷暢顕門首退任。
		七月	大谷暢裕、第二十六代門首に就任。
			岐阜高山教区・九州教区発足。
		一一月	「門首継承式」執行。

二〇二一	令和三	四月	「宗祖親鸞聖人御誕生八百五十年・立教開宗八百年慶讃法要真宗本廟お待ち受け大会・本廟創立七百五十年記念大会」開催。
		六月	宗議会・参議会において、「是旃陀羅」問題に関する決議を可決。
		七月	宗務改革推進本部設置。
二〇二二	令和四	七月	東北教区発足。
二〇二三	令和五	三月〜四月	「宗祖親鸞聖人御誕生八百五十年・立教開宗八百年慶讃法要」厳修。
		五月	「子どものつどい in東本願寺」開催。
		七月	新潟教区・富山教区・小松大聖寺教区発足。

資料七　真宗本廟境内・配置図

■詰所の案内

ご上山の際には宿泊にぜひご利用ください。

①東浅井詰所
〒600-8164
京都市下京区諏訪町通六条下る上柳町206番地
TEL 075（343）2918

②砺波詰所
〒600-8174
京都市下京区不明門通花屋町下る高槻町361番地
TEL 075（351）6468

③富山県詰所
〒600-8174
京都市下京区上珠数屋町通烏丸東入る高槻町337番地
TEL 075（351）4931

④飛騨詰所
〒600-8153
京都市下京区正面通東洞院西入る廿人講町21番地
TEL 075（351）4981

⑤伊香詰所
〒600-8149
京都市下京区不明門通七条上る粉川町233番地
TEL 075（351）4093

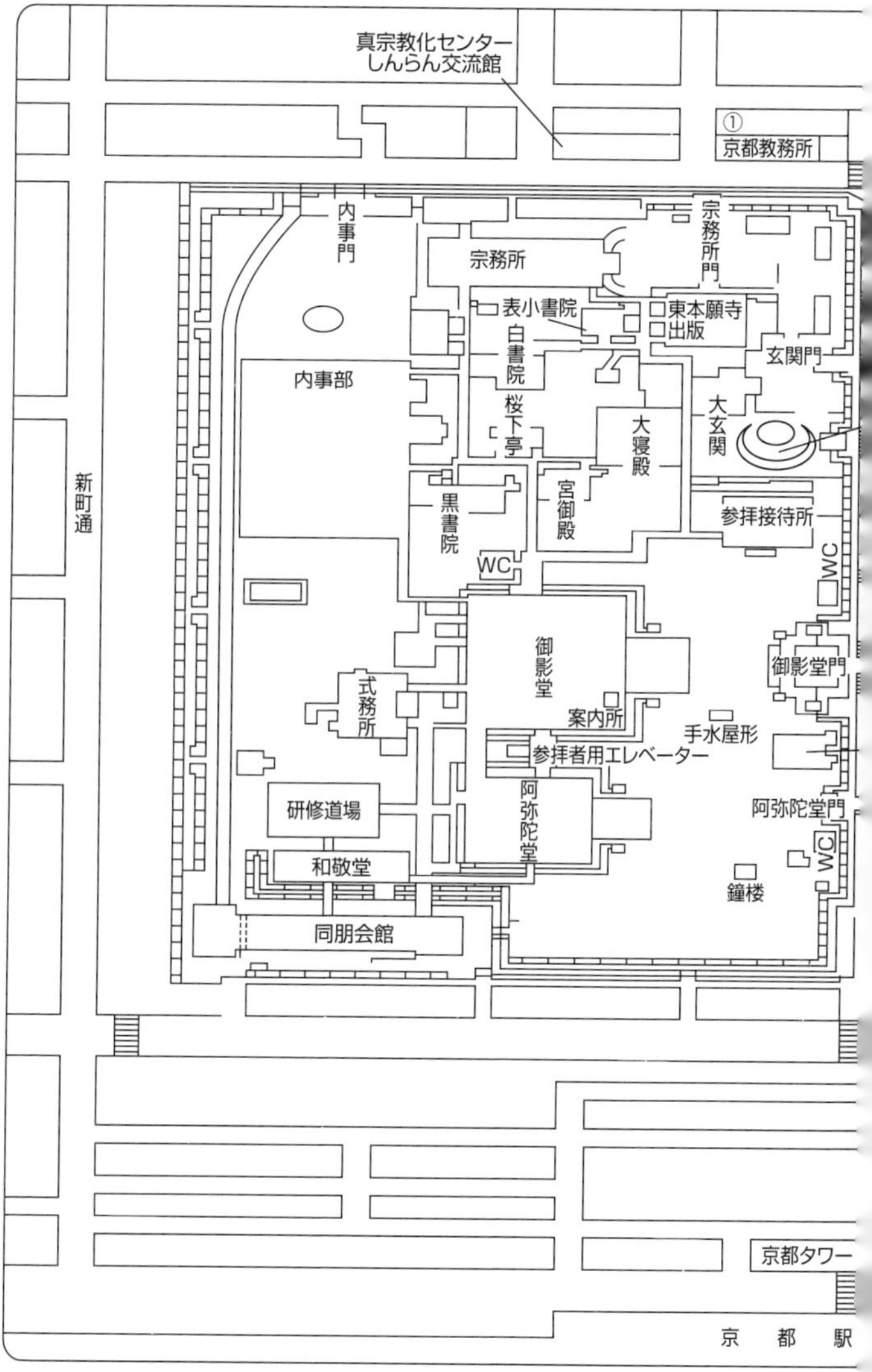
真宗教化センター
しんらん交流館
①
京都教務所
内事門
宗務所
宗務所門
表小書院
東本願寺
出版
白書院
玄関門
内事部
桜下亭
大玄関
大寝殿
新町通
宮御殿
黒書院
参拝接待所
WC
WC
御影堂
御影堂門
式務所
案内所
手水屋形
参拝者用エレベーター
研修道場
阿弥陀堂
阿弥陀堂門
WC
和敬堂
鐘楼
同朋会館
京都タワー
京　都　駅

二〇二四年二月現在

真宗《しんしゅう》の教《おし》えと宗門《しゅうもん》の歩《あゆ》み

1982(昭和57)年10月1日　初　版第1刷発行
1999(平成11)年11月28日　第2版第1刷発行
2003(平成15)年3月1日　第3版第1刷発行
2015(平成27)年2月28日　第4版第1刷発行
2018(平成30)年3月28日　第5版第1刷発行
2024(令和6)年2月28日　第6版第1刷発行

編集　真宗大谷派宗務所
発行　東本願寺出版
(真宗大谷派宗務所出版部)
〒600-8505　京都市下京区烏丸通七条上る
TEL 075-371-9189
FAX 075-371-9211
印刷所　中村印刷株式会社

ISBN978-4-8341-0496-7　C3015